AF199451

Dr. Jacqueline Reichardt

# Wirtschaftlichkeitsrechnung in der öffentlichen Verwaltung

© 2017  Dr. Jacqueline Reichardt

Wirtschaftlichkeitsrechnung in der öffentlichen Verwaltung

2. Auflage

Verlag: tredition GmbH, Hamburg

ISBN 978-3-7439-4636-1 (Paperback)
Printed in Germany

Das Werk, einschließlich seiner Teile, ist urheberrechtlich geschützt. Jede Verwertung ist ohne Zustimmung des Verlages und des Autors unzulässig. Dies gilt insbesondere für die elektronische oder sonstige Vervielfältigung, Übersetzung, Verbreitung und öffentliche Zugänglichmachung.

Bibliografische Information der Deutschen Nationalbibliothek:

Die Deutsche Nationalbibliothek verzeichnet diese Publikation in der Deutschen Nationalbibliografie; detaillierte bibliografische Daten sind im Internet über http://dnb.d-nb.de abrufbar.

Vorwort

Nachdem 2009 die erste Auflage meines Arbeitsbuches zur Wirtschaftlichkeitsrechnung erschienen ist, hat sich die Situation in der öffentlichen Verwaltung nicht wesentlich verändert. Die Verschuldung der öffentlichen Haushalte ist weiter gestiegen und hat nun bereits einen Wert von etwa 75 % des Bruttoinlandsproduktes erreicht. Die Euro- und Finanzkrise haben die letzten Jahre geprägt. Die Zinssätze sind auf einem historisch niedrigen Niveau. Damit hat sich auch das Entscheidungsverhalten der öffentlichen Verwaltung verändert, denn auf der einen Seite sind Zinsen für Fremdkapital niedrig, auf der anderen Seite sind auch die Guthabenzinsen sehr niedrig. Beides könnte das Interesse an Investitionen beleben, gleichzeitig ist die öffentliche Verwaltung den Steuerzahlenden verpflichtet.

Der Bundesrechnungshof hat 2013 konstatiert, dass der Verpflichtung zu Wirtschaftlichkeitsuntersuchungen (noch immer) nur unzureichend nachgekommen wurde. Für nahezu 85 % der von Bundesministerien und nachgeordneten Behörden gemeldeten finanzwirksamen Maßnahmen lagen keine Wirtschaftlichkeitsuntersuchungen vor. Soweit Wirtschaftlichkeitsuntersuchungen durchgeführt wurden, herrschten vielfältige methodische Defizite vor.

Die überarbeitete 2. Auflage des Arbeitsbuches soll dazu beitragen für die Praxis eine Handreichung zur Erstellung von Wirtschaftlichkeits- und Finanzierungsrechnungen zur Verfügung zu stellen. Das Werk eignet sich darüber hinaus auch als studienbegleitendes Lehrbuch für Studierende an Verwaltungsfachhochschulen sowie Hochschulen in der Vorbereitung auf die Laufbahn des gehobenen nichttechnischen Dienstes bzw. analoger Qualifikationsebenen und Anforderungen.

Die Verfahren der Wirtschaftlichkeitsrechnung sind systematisch aufbereitet und werden mit Beispielen anschaulich dargestellt. Für eine zeitgemäße Bearbeitung von Fragen der Wirtschaftlichkeitsrechnung ist es sinnvoll mit Tabellenkalkulationsprogrammen zu arbeiten, die das Bearbeiten von Sachverhalten zu Wirtschaftlichkeitsuntersuchung erheblich vereinfachen können.

Jacqueline Reichardt

# Inhaltsverzeichnis

# 1    Notwendigkeit der Wirtschaftlichkeitsuntersuchungen

Die finanzielle Situation in der öffentlichen Verwaltung ist insgesamt als schwierig zu beschreiben. Der Schuldenstand hat mittlerweile einen Wert in Höhe von über 2.000.000 Millionen Euro erreicht. Von Jahr zu Jahr wächst der Schuldenberg und der öffentliche Haushalt ist umso mehr gefordert, dem Prinzip der Wirtschaftlichkeit und Sparsamkeit strikt zu folgen. Das ist ein Grundsatz des Haushaltsrechtes, der im § 6 HGrG zu finden ist. Dort heißt es, dass bei Aufstellung und Ausführung des Haushaltsplanes die Grundsätze der Wirtschaftlichkeit und Sparsamkeit zu beachten sind. Die Vorschriften des HGrG gelten nach § 1 HGrG gilt für die Aufstellung des Haushaltes von Bund und Länder. Daher ist dieses Prinzip regelmäßig in den Haushaltsordnungen der Länder sowie in der BHO verankert.

Der Bundesrechnungshof hatte vor einigen Jahren festgestellt, dass die zur Beurteilung von staatlichen Maßnahmen erforderlichen Wirtschaftlichkeitsrechnungen nicht in dem gebotenen Maße durchgeführt werden. Im § 7 der LHO heißt es stets, dass bei Aufstellung und Ausführung des Haushaltsplans die Grundsätze der Wirtschaftlichkeit und Sparsamkeit zu beachten sind.[1]

Nach den Grundsätzen der Wirtschaftlichkeit und Sparsamkeit ist die günstigste Relation zwischen dem verfolgten Zweck und den einzusetzenden Ressourcen anzustreben.[2] Das Prinzip der Wirtschaftlichkeit, welches auch als ökonomisches Prinzip bezeichnet wird, umfasst das Minimalprinzip und das Maximalprinzip. Das Minimalprinzip (Sparprinzip) bedeutet, dass ein bestimmtes Ergebnis mit minimalem Mitteleinsatz erreicht werden soll. Das Maximalprinzip (Ergiebigkeitsprinzip) sagt aus, dass mit einem

---

[1] Siehe § 7 Abs. 1 der LHO der jeweiligen Länder bzw. Art.7 der Bayrischen Haushaltsordnung

[2] Ähnlich in VV zu § 7 LHO Nordrhein-Westfalen sowie auch in VV zu § 7 BHO

bestimmten Mitteleinsatz das bestmögliche Ergebnis erzielt werden soll.

In der öffentlichen Verwaltung sind die angestrebten Ergebnisse durch die Festlegung der auszuführenden Aufgaben überwiegend vorgegeben. Somit wird bei der Ausführung des Haushaltsplanes das Minimalprinzip im Vordergrund stehen. Selbstverständlich sollte jedoch im Rahmen einer Aufgabenkritik und Aufgabenanalyse geprüft werden, inwieweit die Ausführung bestimmter Aufgaben tatsächlich erforderlich ist. Zum Teil wird davon ausgegangen, dass eine Haushaltswirtschaft dann wirtschaftlich geführt wird, wenn sie mit dem geringsten Aufwand einen möglichst großen Nutzen erzielt. Genau das ist aber keine Ausprägung des ökonomischen Prinzips, auch wenn es vielfach als eine solche angesehen wird. Eine derartige Vorstellung zu realisieren, führt lediglich zu einem ungeplanten Handeln, da weder nach dem Minimalprinzip noch nach dem Maximalprinzip Vorgaben hinsichtlich Ertrag beziehungsweise Mitteleinsatz gemacht werden. Im Extremfall würde ein solches Handeln heißen, dass alles mit nichts erreicht werden soll.

In dem für die Haushaltsführung und Haushaltsaufstellung für Bund und Länder maßgebenden HGrG ist im § 6 Abs. 2 die Vorschrift enthalten, dass für alle finanzwirksamen Maßnahmen angemessene Wirtschaftlichkeitsuntersuchungen durchzuführen sind. Diese Formulierung ist so auch in zahlreichen LHO zu finden.[3,4]

---

[3] „Für alle finanzwirksame Maßnahmen sind angemessene Wirtschaftlichkeitsuntersuchungen durchzuführen." siehe § 7 LHO Hessen, Mecklenburg-Vorpommern, Nordrhein-Westfalen, Saarland, Sachsen, Sachsen-Anhalt, Schleswig-Holstein, Baden-Württemberg; ähnlich in LHO von Thüringen und Rheinland-Pfalz

[4] In der Haushaltsordnung des Freistaates Bayern heißt es im Absatz 7: „Für geeignete Maßnahmen von erheblicher finanzieller Bedeutung sind Nutzen-Kosten-Untersuchungen anzustellen.". In der LHO von Niedersachsen im §7 Abs. 2 ist

Wirtschaftlichkeitsuntersuchungen sind Instrumente zur Umsetzung des Grundsatzes der Wirtschaftlichkeit.[5]

Auch für die Kommunen gilt der Grundsatz, dass die Haushaltswirtschaft sparsam und wirtschaftlich zu führen ist. Dieser Grundsatz ist in den jeweiligen Gemeindeordnungen zu finden.[6]

Somit spielen Wirtschaftlichkeitsrechnungen auf allen administrativen Ebenen eine Rolle. Sie können einerseits als Planungsinstrument eingesetzt werden und bilden so die Grundlage für Erfolgskontrollen. Wirtschaftlichkeitsrechnungen sind bei allen Maßnahmen durchzuführen, sowohl bei der Planung neuer Maßnahmen einschließlich der Änderung bereits laufender Maßnahmen, weiterhin sind sie während der Durchführung und nach Abschluss von Maßnahmen vorzunehmen.[7]

---

bestimmt, dass für Maßnahmen von finanzieller Bedeutung angemessene Wirtschaftlichkeitsuntersuchungen durchzuführen sind.
[5] VV zu § 7 BHO, auch in VV zu § 7 LHO Nordrhein-Westfalen
[6] Vgl. z.B. Baden-Württemberg: § 77 Abs. 2 GO; Bayern: Art. 61 Abs. 2 GO; Brandenburg: § 74 Abs. 2 GO; Hessen: § 92 Abs. 2 GO; Mecklenburg-Vorpommern: § 43 Abs. 1 KV-MV; Niedersachsen: § 82 Abs. 2 GO; Nordrhein-Westfalen: § 75 Abs. 2 GO, Rheinland Pfalz: § 93 Abs. 2 GO; Saarland: § 82 Abs. 2 KSVG; Sachsen: § 72 Abs. 2 SächsGemO; Sachsen-Anhalt: § 90 Abs. 2 GO; Schleswig-Holstein: § 8 GO; Thüringen: § 53 Abs. 2 ThürKO
[7] Punkt 2 der VV zu § 7 BHO, auch in VV zu § 7 LHO Nordrhein-Westfalen

## 2    Verfahren der Wirtschaftlichkeitsrechnung im Überblick

Es wird innerhalb der Verfahren der Wirtschaftlichkeitsrechnung zwischen verschiedenen Verfahren unterschieden, die man aufgrund identischer Merkmale in verschiedene Gruppen zusammenfassen kann:

| Statische Verfahren der Wirtschaftlichkeitsrechnung | Dynamische Verfahren der Wirtschaftlichkeitsrechnung | Gesamtwirtschaftliche Verfahren der Wirtschaftlichkeitsrechnung |
|---|---|---|
| **Einperiodische Verfahren**<br>o  Kostenvergleichsrechnung<br>o  Gewinnvergleichsrechnung<br>o  Rentabilitätsrechnung<br><br>**Mehrperiodische Verfahren**<br>o  Statische Amortisationsrechnung | o  Kapitalwertmethode<br><br>o  Annuitätenmethode<br><br>o  Methode des internen Zinsfußes<br><br>o  Dynamische Amortisationsrechnung | Nutzen-Kosten-Analyse |

Die statischen Verfahren der Wirtschaftlichkeitsrechnung sind dadurch gekennzeichnet, dass der Zeitfaktor hier nicht oder kaum berücksichtigt wird. Die in der Tabelle genannten statischen Verfahren basieren auf Betrachtung der Kosten, der Erträge oder der Zahlungsströme. Ganz gleich um welches Verfahren es sich handelt, der Zeitfaktor wird bei den statischen Verfahren vernachlässigt. Damit werden auch die Verluste des Geldwertes hingenommen, denn allein durch eine übliche Preissteigerungsrate sind zum

Beispiel 1.000 € heute mehr wert als 1.000 € in 10 Jahren. Genau diese Unterschiede werden bei den statischen Verfahren jedoch nicht berücksichtigt.

Die dynamischen Verfahren der Wirtschaftlichkeitsrechnung betrachten die Zahlungsströme durch eine Investition im Verlauf der gesamten Nutzungsdauer. Hier werden keine kalkulatorischen Kosten betrachtet, wie es etwa bei der Kostenvergleichsrechnung der Fall ist, sondern lediglich die voraussichtlichen Einzahlungen und Auszahlungen bewertet. Unter einer Einzahlung ist eine Zunahme des Zahlungsmittelbestandes bestehend aus Bargeld und jederzeit verfügbarem Bankguthaben zu verstehen. Eine Auszahlung ist eine Abnahme des Zahlungsmittelbestandes.

Bei den dynamischen Verfahren der Wirtschaftlichkeitsrechnung werden im Unterschied zu den statischen Verfahren die Geldwertveränderungen berücksichtigt.[8]

Für Maßnahmen mit nur geringem gesamtwirtschaftlichem Nutzen, der damit vernachlässigt werden kann, sind die finanzmathematischen Methoden zu verwenden, wie zum Beispiel die Kapitalwertmethode.[9]

Für Maßnahmen mit nur geringer finanzieller Bedeutung können auch die sogenannten Hilfsverfahren der Praxis wie zum Beispiel die Kostenvergleichsrechnung verwendet werden.[10]

Für Maßnahmen, die eine nicht zu vernachlässigende gesamtwirtschaftliche Auswirkung haben, sind gesamtwirtschaftliche Wirtschaftlichkeitsuntersuchungen wie z.B. eine Kosten-Nutzen-Analyse durchzuführen.[11]

---

[8] genauer in Abschnitt 7
[9] VV zu § 7 BHO, wortgleich auch in VV zu § 7 LHO Nordrhein-Westfalen
[10] ebd.
[11] ebd.

# 3    Kostenvergleichsrechnung

## 3.1    Kostenvergleichsrechnung bei Erweiterungsinvestitionen

Die Kostenvergleichsrechnung ist ein einperiodisches statisches Verfahren der Wirtschaftlichkeitsrechnung. Bei den einperiodischen Verfahren wird die Situation für eine Periode, zum Beispiel für ein Nutzungsjahr herangezogen mit der Annahme, dass diese Situation für alle Nutzungsperioden zutreffend ist. Um diesem Anspruch gerecht zu werden, muss mit durchschnittlichen Werten gearbeitet werden. Ist zum Beispiel innerhalb der gesamten Nutzungsdauer eine umfangreiche Wartung der Anlage erforderlich, so ist die Wartungsausgabe auf alle Nutzungsjahre anteilig als Wartungskosten zu verteilen.

Unter einer Erweiterungsinvestition ist die Vergrößerung des vorhandenen Leistungspotenzials oder die Schaffung eines neuen Leistungspotenzials zu verstehen. Sie dienen der Kapazitätserweiterung. Hier steht man vor der Frage, ob man Anlage A, Anlage B oder C usw. anschafft. Alle in Betracht zu ziehenden Anlagen erfüllen den gleichen Zweck. Wenn die Auslastung bekannt ist, können die in einem Jahr anfallenden Gesamtkosten miteinander verglichen werden. Es ist dann die Anlage zu bevorzugen, welche die niedrigsten Gesamtkosten aufweist. Die Gesamtkosten setzen sich aus den Fixkosten und den variablen Kosten zusammen.

### 3.1.1    Die Fixkosten

Fixkosten sind die Kosten, die unabhängig von der Auslastung der Anlage anfallen. Dazu gehören die Abschreibung, die Zinsen bezüglich des durchschnittlich gebundenen Kapitals, die pro Periode anfallenden Wartungskosten, bei Anschaffung von Fahrzeugen die KFZ-Steuer sowie die KFZ-Versicherung[12].

### 3.1.1.1   Die Abschreibung

Mit der Abschreibung wird die jährlich durchschnittliche Wertminderung erfasst. Wenn davon auszugehen ist, dass mit Ablauf der Nutzungsdauer kein Restwert der Anlage vorhanden ist beziehungsweise die Anlage nicht verkauft werden kann, wird für die Erfassung der Abschreibung die Anschaffungsausgabe[13] gleichmäßig auf die Nutzungsjahre verteilt.

$$Abschreibung = \frac{Anschaffungsausgabe}{Nutzungsdauer} = \frac{AK}{ND}$$

Sollte aber von einem Restwert beziehungsweise Verkaufserlös zum Ende der Nutzungsdauer auszugehen sein, erstreckt sich die Wertminderung nur auf die Differenz von Anschaffungsausgabe (AK) und Verkaufserlös (VE).

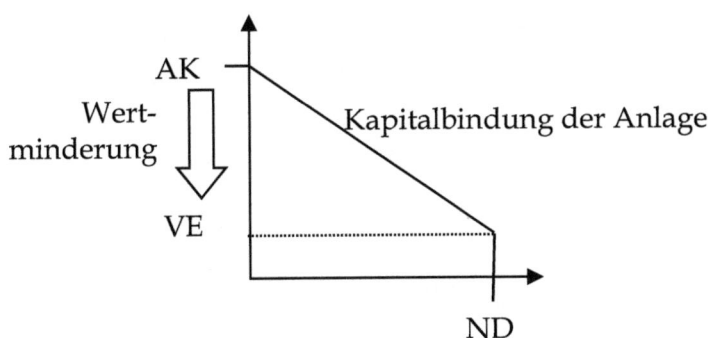

**Abbildung 1: Wertminderung mit Berücksichtigung eines Restwertes zum Ende der Nutzungsdauer**

---

[12] Die KFZ-Versicherung ist als Bestandteil der Fixkosten zu betrachten, da der zu zahlende Beitrag -wenn überhaupt- nur unwesentlich von der Fahrleistung abhängig ist.
[13] Hier wird vielfach auch der Begriff Anschaffungskosten verwendet.

$$\text{Abschreibung} = \frac{\text{Anschaffungs-} \atop \text{ausgabe} - \text{Verkaufserlös}}{\text{Nutzungsdauer}}$$

$$\text{Abschreibung} = \frac{AK\text{-}VE}{ND}$$

### 3.1.1.2 Die Zinsen

Die kalkulatorischen Zinsen werden auf der Grundlage des durchschnittlich gebundenen Kapitals ermittelt. Dabei spielt keine Rolle, ob die Anschaffungsausgabe aus eigenen oder fremden finanziellen Mitteln aufgebracht wurde. Es geht bei der Betrachtung der Zinsen lediglich um das in der anzuschaffenden Anlage gebundene Kapital, unabhängig von der Herkunft des Kapitals. Damit kann mit den Zinsen einerseits erfasst werden, welche Zinsen pro Jahr durchschnittlich zu zahlen sind im Fall einer Fremdfinanzierung. Andererseits wird erfasst, welche Zinseinkünfte verloren gehen, wenn man Eigenkapital zur Finanzierung einsetzt.

$$\begin{matrix} \text{kalkulatorische} \\ \text{Zinsen} \end{matrix} = \begin{matrix} \text{durchschnittlich} \\ \text{gebundenes Kapital} \end{matrix} \cdot \begin{matrix} \text{kalkulatorischer} \\ \text{Zinssatz} \end{matrix}$$

Das durchschnittlich gebundene Kapital ergibt sich als arithmetisches Mittel aus der Kapitalbindung zu Beginn der Nutzungsdauer und zum Ende der Nutzungsdauer.

$$\begin{matrix} \text{durchschnittlich} \\ \text{gebundenes Kapital} \end{matrix} = \frac{\begin{matrix} \text{Kapitalbindung zu} \\ \text{Beginn der Nutzungs-} \\ \text{dauer} \end{matrix} + \begin{matrix} \text{Kapitalbindung zum} \\ \text{Ende der Nutzungs-} \\ \text{dauer} \end{matrix}}{2}$$

Sollte es um die Anschaffung eines nicht abnutzbaren Gegenstandes wie zum Bespiel ein Grundstück handeln, so ist das durchschnittlich gebundene Kapital identisch mit den Anschaffungskosten.

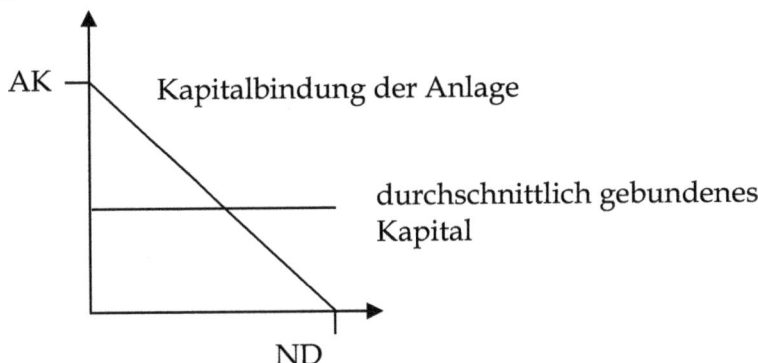

**Abbildung 2: Kapitalbindung ohne Berücksichtigung eines Restwertes**

Wenn kein Restwert[14] zum Ende der Nutzungsdauer anzunehmen ist, dann liegt ein durchschnittlich gebundenes Kapital in Höhe der halben Anschaffungskosten vor.

$$\text{durchschnittlich gebundenes Kapital (ohne Verkaufserlös)} = \frac{Anschaffungskosten}{2}$$

Damit ergibt sich folgende Formel:

$$\text{kalkulatorische Zinsen} = \frac{Anschaffungskosten}{2} \cdot kalkulatorischer\ Zinssatz$$

Ist jedoch ein Restwert zum Ende der Nutzungsdauer anzunehmen, stellt sich die Kapitalbindung wie folgt dar:

---

[14] Als Restwert ist lediglich ein erzielbarer Verkaufserlös zum Ende der Nutzungsdauer zu sehen. Sollte zeitgleich zum möglichen Verkaufserlös als Einnahme eine Ausgabe zum Beispiel für die Entsorgungskosten der Anlage in Betracht zu ziehen sein, so sind diese Kosten nicht als negativer Verkaufserlös zu werten, sondern als Fixkosten, welche auf die Nutzungsdauer aufgeteilt werden. Ein Einfluss auf die Kapitalbindung liegt durch Entsorgungskosten nicht vor, die Kapitalbindung ist zum Ende der Nutzungsdauer null.

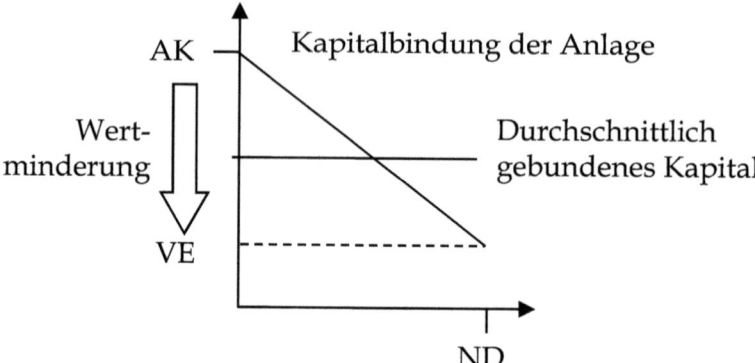

**Abbildung 3: Kapitalbindung mit Berücksichtigung eines Restwertes**

Das durchschnittlich gebundene Kapital ergibt sich nach folgender Formel:[15]

---

[15] Das durchschnittlich gebundene Kapital lässt sich über Flächeninhalt ermitteln, in dem die Fläche unterhalb der dargestellten Kapitalbindung der Anlage in zwei Teilflächen zerlegt wird. Eine Teilfläche ist das Rechteck mit den Seiten Verkaufserlös und Nutzungsdauer. Setzt man für die Nutzungsdauer 1 ein, ergibt sich der Flächeninhalt dieser Teilfläche in Höhe des Verkaufserlöses. Das bedeutet, dass über die gesamte Nutzungsdauer der erzielbare Verkaufserlös in dieser Anlage gebunden ist.

Die zweite Teilfläche ist das Dreieck oberhalb des dargestellten Verkaufserlöses mit den Katheten Anschaffungskosten − Verkaufserlös und Nutzungsdauer. Wird die Nutzungsdauer wieder 1 gesetzt, ergibt sich der Flächeninhalt des Dreieckes mit $\dfrac{AK-VE}{2}$. Damit hat die gesamte Fläche einen Flächeninhalt in Höhe von $VE + \dfrac{AK-VE}{2}$. Durch Bilden des gemeinsamen Nenners von 2 ergibt sich $\dfrac{2VE+AK-VE}{2} = \dfrac{AK+VE}{2}$ als Flächeninhalt der Fläche, welche die gesamte Kapitalbindung darstellt.

$$durchschnittlich\ gebundenes\ Kapital = \frac{Anschaffungskosten + Verkaufserlös}{2}$$

Somit ergeben sich die Zinsen nach der folgenden Formel:

$$\text{kalkulatorische Zinsen} = \frac{\text{Anschaffungskosten} + \text{Verkaufserlös}}{2} \cdot \text{kalkulatorischer Zinssatz}$$

$$Z = \frac{AK + VE}{2} \cdot i$$

### 3.1.2 Die variablen Kosten

Die variablen Kosten sind abhängig von der Ausbringungsmenge. Je größer die Ausbringungsmenge ist, desto größer sind die variablen Kosten.

Die variablen Stückkosten $k_{var}$ können konstant sein. Dann steigen die gesamten variablen Kosten $K_{var}$ proportional zur Ausbringungsmenge x. Die gesamten variablen Kosten ergeben sich nach der Formel

$$K_{var} = k_{var} \cdot x$$

**Beispiel**: Die Kommunalverwaltung nutzt einen Kurierdienst für den Versand der Briefe. Für jedes versendete Schriftstück sind 0,40 € zu zahlen.

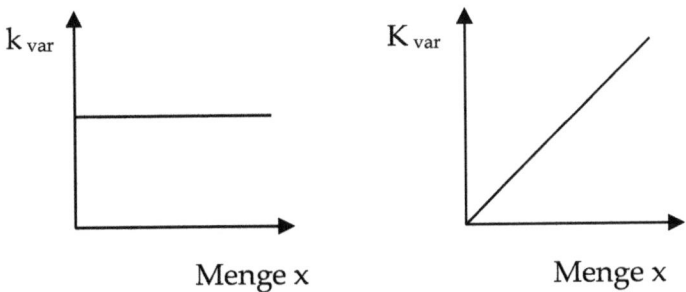

Die variablen Stückkosten $k_{var}$ können mit zunehmender Menge steigen. Dann steigen die gesamten variablen Kosten $K_{var}$ überproportional zur Ausbringungsmenge. Es liegt ein progressiver Kostenverlauf vor.

**Beispiel**: Der städtische Bauhof stellt Rabattenbegrenzungen aus Holz her. Der Rohstoff wird zunächst zu sehr günstigen Konditionen vom städtischen Forst bezogen. Ist dessen Lieferkontingent erschöpft, wird der nächst teurere Lieferant herangezogen.

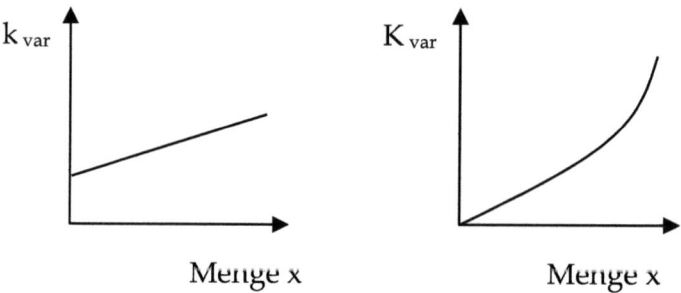

Es ist auch möglich, dass die variablen Stückkosten $k_{var}$ mit zunehmender Menge sinken. Dann steigen die gesamten variablen Kosten $K_{var}$ degressiv.

**Beispiel**: Die Kommunalverwaltung lässt die anzufertigenden Kopien in einem Copyshop erstellten. Je größer die anzufertigenden Kopienzahl, desto geringer ist der Preis pro Kopie.

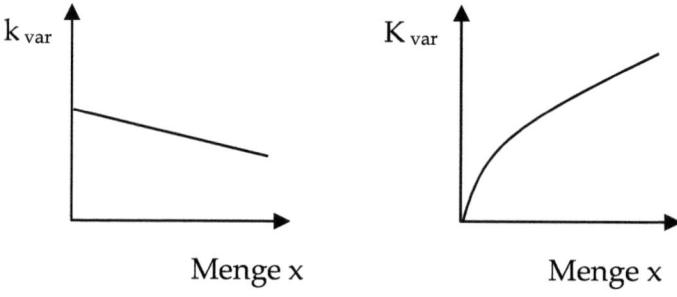

### 3.1.3   Die Kostenfunktion

Sind sämtliche Fixkosten erfasst und die variablen Stückkosten bekannt, können für die Investitionsalternativen die Kostenfunktionen erstellt werden.

Wenn von konstanten variablen Stückkosten ausgegangen werden kann, ergibt sich folgende lineare Kostenfunktion:

$$K = K_{fix} + k_{var} \cdot x$$

$K$   Gesamtkosten

$K_{fix}$   Fixkosten

$x$   Stückzahl

$k_{var}$   variable Stückkosten

### 3.1.4   Ermittlung der Gesamtkosten bei gegebener Nutzung

Sind die Kostenfunktionen bekannt, können die Gesamtkosten bei einer unterstellten Menge ermittelt werden, indem für x in der Kostenfunktion der entsprechenden Alternative die voraussichtliche Menge eingesetzt wird. So wird bestimmt, welches die kostengünstigste Alternative ist.

### 3.1.5   Ermittlung der kritischen Menge

Nicht immer kann man jedoch eine bestimmte Nutzung unterstellen. So weiß man nicht genau, wie viele Kilometer mit dem Dienstwagen pro Jahr zurückgelegt werden oder wie viele Kopien mit dem neu anzuschaffenden Kopierer angefertigt werden. Man hat ohne Kenntnis von der exakten Nutzungsmenge jedoch häufig Vorstellungen von dem etwaigen Umfang der Nutzung, also ob zum Beispiel mehr als 10.000 km pro Jahr mit dem Dienstfahrzeug zurückgelegt werden.

Auch ohne Kenntnis vom genauen Umfang der Nutzung lässt sich die Vorteilhaftigkeit der Alternativen bestimmen, indem die kritische Menge ermittelt wird. Die kritische Menge ist die Menge, bei der Kosten von zwei Investitionsalternativen gleich sind. Sie wird über das Gleichsetzen der beiden Kostenfunktionen ermittelt.

$$K^A = K^B$$

$$K^A_{fix} + k^A_{var} \cdot x = K^B_{fix} + k^B_{var} \cdot x$$

$$K^A_{fix} - K^B_{fix} = k^B_{var} \cdot x - k^A_{var} \cdot x$$

$$K^A_{fix} - K^B_{fix} = \left( k^B_{var} - k^A_{var} \right) \cdot x$$

$$x = \frac{K^A_{fix} - K^B_{fix} x}{k^B_{var} - k^A_{var}}$$

Beim Vergleich von zwei Investitionsalternativen ist bei einer voraussichtlichen Ausbringungsmenge, die kleiner ist als die kritische Menge, die Alternative zu bevorzugen, welche die geringeren Fixkosten hat.

Sollte von einer Ausbringungsmenge auszugehen sein, die größer als die kritische Menge ist, dann ist die Alternative mit den geringeren variablen Stückkosten zu bevorzugen.

### 3.1.6    Grafische Darstellung der kritischen Menge

Die kritische Menge lässt sich auch ermitteln, indem die Kostenfunktionen der zu vergleichenden Alternativen grafisch dargestellt werden.

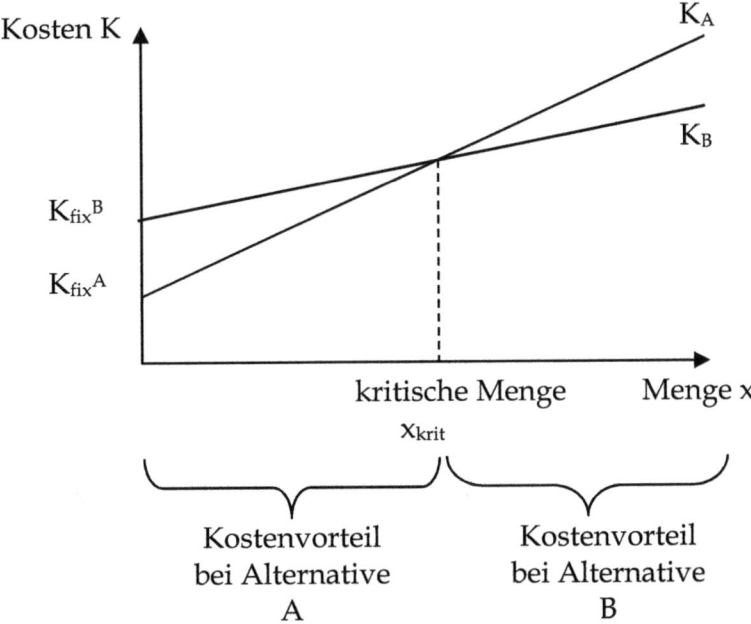

**Abbildung 4: Grafische Darstellung von zwei Kostenfunktionen**

Anhand der grafischen Darstellung lässt sich erkennen, dass bei einer Menge, die kleiner ist als die kritische Menge, die Alternative A zu bevorzugen ist. Das ist die Alternative, welche die geringeren Fixkosten hat, was anhand der Schnittpunkte mit der Ordinate sichtbar wird.

Sollte von einer Ausbringungsmenge auszugehen sein, die größer als die kritische Menge ist, dann ist die Alternative B zu bevorzugen. Die Alternative B hat im Vergleich zur Alternative B die geringeren variablen Stückkosten, was anhand der Darstellung anhand des geringeren Anstieges sichtbar wird.

Die grafische Darstellung lässt sich sehr gut als Interpretationshilfe verwenden, insbesondere wenn mehr als zwei Alternativen in den Kostenvergleich einbezogen sind.

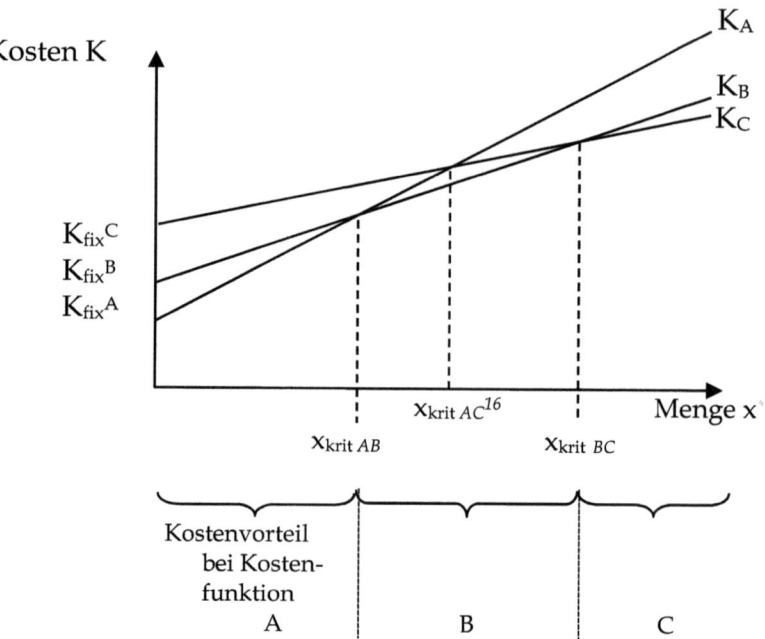

**Abbildung 5: Grafische Darstellung von drei Kostenfunktionen**

**Beispiel:**

In der Kommunalverwaltung der Stadt S muss ein neues Kopiergerät angeschafft werden.

Der Büroausstatter „Office 3000" bietet ein vollautomatisches Kopiergerät zu einem Preis von 6.000 € an. Es ist eine Nutzungsdauer von 5 Jahren anzunehmen. Nach der Nutzungsdauer wird

---

[16] Der Schnittpunkt der Funktionen $K_A$ und $K_C$ (Punkt $x_{krit\,AC}$) hat für die Auswertung keine Bedeutung, da der Punkt oberhalb der unteren Kostenfunktion liegt.

der Kopierer zu einem Preis von 500 € verkauft werden können. Für die jährliche Wartung ist mit Kosten von 150 € zu rechnen. Für das Anfertigen einer Kopie ist für Papier und Toner mit Kosten von 0,03 € zu rechnen.

Ein gleichwertiges Kopiergerät wird vom Büroausstatter „Papier und Technik" zum Kaufpreis von 5.000 € angeboten. Die Nutzungsdauer beträgt ebenfalls 5 Jahre. Der Büroausstatter übernimmt die halbjährliche Wartung und die Lieferung von Papier und Zubehör zum Betrieb des Kopierers. Die Kosten für eine Wartung betragen 50 €, für Papier und Toner ist mit Kosten in Höhe von 0,04 € zu rechnen. Es ist nicht davon auszugehen, dass das Kopiergerät nach Ablauf der Nutzungsdauer zu verkaufen sein wird.

a)   Was ist aus Ihrer Sicht die wirtschaftlichste Lösung, wenn von einem kalkulatorischen Zinssatz von 8 % auszugehen ist?

b)   Erstellen Sie ein Liniendiagramm, welches den Kostenverlauf beider Vertragsmöglichkeiten zeigt!

Lösung:

a) Zunächst wird die Kostenfunktion für die jede Investitionsalternativen ermittelt.

Dafür müssen sämtliche Fixkosten (Abschreibung, Zinsen, sonstige Fixkosten) erfasst werden.

| Büroausstatter "Office 3000" | Büroausstatter "Papier und Technik" |
|---|---|
| $Abschreibung = \dfrac{6.000 - 500}{5} = 1.100$ | $Abschreibung = \dfrac{5.000}{5} = 1.000$ |
| $Zinsen = \dfrac{6.000 + 500}{2} \cdot 0{,}08 = 260$ | $Zinsen = \dfrac{5.000}{2} \cdot 0{,}08 = 200$ |
| Sonstige Fixkosten = 150 | Sonstige Fixkosten = 100 |
| Gesamte Fixkosten = 1.510 | Gesamte Fixkosten = 1.300 |
| $K_{Office} = 1.510 + 0{,}03\,x$ | $K_{Papier} = 1.300 + 0{,}04\,x$ |

Da keine Nutzungsmenge vorgegeben ist, kann die Vorteilhaftigkeit über die Ermittlung der kritischen Menge ermittelt werden.

$$K_{Office} = K_{Papier}$$
$$1.510 + 0{,}03\,x = 1.300 + 0{,}04\,x$$
$$1.510 - 1.300 = 0{,}04\,x - 0{,}03\,x$$
$$210 = 0{,}01\,x$$
$$\underline{x = 21.000}$$

Sollte von weniger als 21.000 zu fertigenden Kopien pro Jahr auszugehen sein, ist das Angebot des Büroausstatters „Papier und Technik zu bevorzugen. Bei mehr als 21.000 Kopien pro Jahr ist der Kopierer des Büroausstatter „Office 3000" die kostengünstigere Lösung, auch wenn zum Anschaffungszeitpunkt eine größere Ausgabe getätigt werden muss.

## b) Liniendiagramm

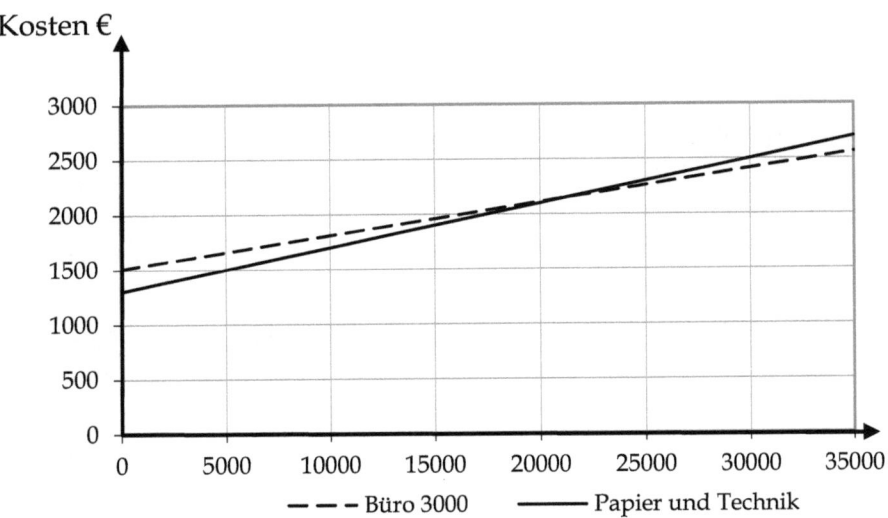

Die Interpretation ist anhand des Liniendiagramms möglich. Die kritische Menge kann abgelesen werden ($x_{krit}$ = 21.000). Sollte von einer Zahl von weniger als 21.000 Kopien jährlich ausgegangen werden, ist das Angebot „Papier und Technik" zu bevorzugen. Bei mehr als 21.000 Kopien jährlich, ist das Angebot „Büro 3000" kostengünstiger, auch wenn zum Anschaffungszeitpunkt eine höhere Ausgabe getätigt werden muss. Die höheren Fixkosten werden durch die geringeren variablen Kosten ausgeglichen, so dass ein Kostenvorteil besteht.

Aufgaben zur Kostenvergleichsrechnung lassen mit Hilfe von *Microsoft Excel* oder anderen Tabellenkalkulationsprogrammen sehr gut lösen.

| 8 | Fixkosten | | |
|---|---|---|---|
| 9 | Abschreibung | =(B2-B3)/B6 | =(C2-C3)/C6 |
| 10 | Zinsen | =(B2+B3)/2*$B5 | =C2/2*$B5 |
| 11 | Wartung | =B4 | =C4 |
| 12 | gesamt | =SUMME(B9:B11) | =SUMME(C9:C11) |

Es empfiehlt sich, alle gegebenen Größen in einen Datenbereich einzugeben und die Berechnungen über Formeln auszuführen. Mit wenig Aufwand lassen sich dann verschiedene Szenarien darstellen, z.B. wie sich die Gesamtkosten verändern bei veränderten variablen Stückkosten.

Für das Beispiel werden alle relevanten Größen in den Datenbereich A1 bis C7 eingetragen:

| | A | B | C |
|---|---|---|---|
| 1 | | Büro 3000 | Papier und Technik |
| 2 | Anschaffungskosten | 6.000,00 € | 5.000,00 € |
| 3 | Verkaufserlös | 500,00 € | |
| 4 | Wartung pro Jahr | 150,00 € | 100 |
| 5 | Zinssatz | 8% | |
| 6 | Nutzungsdauer (Jahre) | 5 | 5 |
| 7 | k var | 0,03 € | 0,04 € |

Für das Ausführen der Rechnungen werden die Formeln mit Bezug auf den oben genannten Datenbereich eingegeben.[17]

---

[17] Zum schnelleren Kopieren eines Zellinhaltes (hier von Spalte B in Spalte C) ist es empfehlenswert, dass die Zelle B5 (Zinssatz) einen absoluten Zellbezug darstellt. Man setzt anstatt der Zellbezeichnung B5 (relativer Bezug) die Zellbezeichnung $B$5 (absoluter Bezug). Dann verändert sich beim Kopieren die Zellbezeichnung nicht mehr.

Es erscheinen dann folgende Ergebnisse:

| 8 | Fixkosten | | |
|---|---|---|---|
| 9 | Abschreibung | 1100,00 € | 1000,00 € |
| 10 | Zinsen | 260,00 € | 200,00 € |
| 11 | Wartung | 150,00 € | 100,00 € |
| 12 | **gesamt** | **1510,00 €** | **1300,00 €** |

Auch die kritische Menge kann über eine Formel in *Microsoft Excel* ermittelt werden:

| 13 | kritische Menge | =(B12-C12)/(C7-B7) |
|---|---|---|

Das angezeigte Ergebnis lautet 21.000. Das bedeutet, dass die Gesamtkosten beider Alternativen bei 21.000 Stück gleich sind.

Der Vorteil der Arbeit mit Tabellenkalkulationsprogrammen wird deutlich, wenn nun einige Ausgangsgrößen verändert werden. Mit einer Veränderung der Eingabe im Datenbereich (A1 bis C7) wird dann unmittelbar das neue Ergebnis ausgewiesen. In der folgenden Tabelle ist eine Veränderung der variablen Stückkosten und des Verkaufserlöses (ursprünglich 500 €) vorgenommen worden. Die Vorteilhaftigkeit des Angebotes „Büro 3000" ist dann bereits bei mehr 6.480 Kopien pro Jahr gegeben.

| | A | B | C |
|---|---|---|---|
| 1 | | Büro 3000 | Papier und Technik |
| 2 | Anschaffungskosten | 6.000,00 € | 5.000,00 € |
| 3 | Verkaufserlös | 800,00 € | |
| 4 | Wartung pro Jahr | 150,00 € | 100 |
| 5 | Zinssatz | 8% | |
| 6 | Nutzungsdauer (Jahre) | 5 | 5 |
| 7 | k var | 0,025 € | 0,05 € |
| 8 | Fixkosten | | |
| 9 | Abschreibung | 1040,00 € | 1000,00 € |
| 10 | Zinsen | 272,00 € | 200,00 € |
| 11 | Wartung | 150,00 € | 100,00 € |
| 12 | gesamt | 1462,00 € | 1300,00 € |
| 13 | kritische Menge | 6480 | |

## 3.2 Kostenvergleichsrechnung bei vorzeitigen Ersatzinvestitionen

Eine Ersatzinvestition liegt bei Beschaffung von wirtschaftlich verbrauchten Gütern vor. Bei einer vorzeitigen Ersatzinvestition steht man vor der Frage, ob das vorhandene Wirtschaftsgut im Rahmen der Nutzungsdauer weiter genutzt wird oder ob vor Ablauf der ursprünglich geplanten Nutzungsdauer bereits ein anderes Gut angeschafft werden soll. Ein solcher Entscheidungsprozess ist dann durchzuführen, wenn es aufgrund der rasanten technischen Entwicklung technische Möglichkeiten gibt, die kostengünstiger sind.

Sollte man eine vorzeitige Ersatzinvestition in Erwägung ziehen, ist es aber manchmal nicht möglich das vorhandene Wirtschaftsgut zu verkaufen. Wenn dieser Fall eintreten sollte, ist zu berücksichtigen, dass bei Erwerb der neuen Anlage die vorhandene Anlage weiter Fixkosten in Form von Abschreibung und Zinsen verursacht. Die vorhandene Anlage unterliegt weiter einer Wertminderung bis zum Ablauf der ursprünglichen Nutzungsdauer und weiterhin ist Kapital in der Anlage gebunden, so dass Zinsen zu berücksichtigen sind.

Die Kostenfunktionen lauten für die zu vergleichenden Möglichkeiten:

Möglichkeit A: Weiternutzung der vorhandenen Anlage

$$K^A = K^A_{fix} + k^A_{var} \cdot x$$

Möglichkeit B: Anschaffung der neuen Anlage (bereits vorhandene Anlage bleibt ungenutzt im Betrieb)

$$K^B = K^B_{fix} + k^B_{var} \cdot x + K^A_{fix}$$

Die Fixkosten der alten Anlage, die den Kosten bei Nutzung der neuen Anlage zugerechnet werden, sind nur nutzungsunabhängige Fixkosten. Einige Fixkosten, wie zum Beispiel Wartungskosten fallen bei einer ungenutzten Anlage nicht mehr an. Wenn dagegen die Anlage genutzt wird, können die Wartungskosten unabhängig von der tatsächlichen Nutzungsmenge sein, wenn zum Beispiel regelmäßig ein einjähriges Wartungsintervall vereinbart wurde.

Wenn alle fixen Kosten der vorhandenen Anlage nutzungsunabhängige Fixkosten sind, so ergibt sich die kritische Menge beim Ersatzvergleich wie folgt:

$$K^A = K^B$$

$$K_{fix}^A + k_{var}^A \cdot x = K_{fix}^B + k_{var}^B \cdot x + K_{fix}^A$$

$$k_{var}^A \cdot x = K_{fix}^B + k_{var}^B \cdot x$$

$$k_{var}^A \cdot x - k_{var}^B \cdot x = K_{fix}^B$$

$$\left(k_{var}^A - k_{var}^B\right) \cdot x = K_{fix}^B$$

$$x = \frac{K_{fix}^B}{k_{var}^A - k_{var}^B}$$

Für die Ermittlung der kritischen Menge ist die Höhe der Fixkosten der vorhandenen Anlage irrelevant. Lediglich für die Ermittlung der Gesamtkosten müssen die Fixkosten quantifiziert sein.

**Beispiel:**

Die Stadtverwaltung möchte die Ämter mit neuen Telefonanlagen ausstatten.

Vor einem Jahr wurde ein Leasingvertrag mit 5jähriger Grundmietzeit abgeschlossen, der in dieser Zeit nicht gekündigt werden kann. Die monatlichen Leasinggebühren der Geräte betragen 8.400 €. Pro Telefoneinheit sind 0,06 € zu zahlen.

Nun liegt überraschend ein Angebot über den Kauf einer gleichwertigen Telefonanlage mit gleicher Gerätezahl vor, die zu einem Preis von 150.000 € gekauft werden kann. Die voraussichtliche Nutzungsdauer beträgt 4 Jahre. Es wird der Abschluss eines Wartungsvertrages empfohlen, welcher pro Jahr 2.000 € kosten würde. Der kalkulatorische Zinssatz beträgt 10 %. Beim Kauf der Anlage wird über den Anbieter ein Preis pro Telefoneinheit von 0,04 € offeriert.

Ermitteln Sie grafisch und rechnerisch die Menge, bei der die Kosten bei Weiternutzung der vorhandenen Anlage und die Kosten der neuen Telefonanlage gleich sind (sogenannte „kritische Menge")!

Zunächst sind die Kostenfunktionen der beiden Alternativen zu ermitteln:

| Weiternutzung der Leasinggeräte | Kauf der Telefonanlage |
|---|---|
| Abschreibung = 0<br><br>Die geleaste Anlage gehört nicht zum Vermögen des Leasingnehmers, daher kann die anfallende Wertminderung auch nur dem Leasinggeber und nicht dem Leasingnehmer, also der Stadtverwaltung zugeordnet werden. | $Abschreibung = \dfrac{150.000}{4} = 37.500$ |
| Zinsen=0<br><br>Seitens des Leasingnehmers liegt keine Kapitalbindung vor, demzufolge können auch keine Kosten der Kapitalbindung in Betracht gezogen werden. | $Zinsen = \dfrac{150.000}{2} \cdot 0{,}1 = 7.500$ |
| Sonstige Fixkosten = 8.400 · 12 = 100.800 | Sonstige Fixkosten = 0 |
| Gesamte Fixkosten = 100.800 | Gesamte Fixkosten = 45.000 |
| $K_{Leasing} = 100.800 + 0{,}06\,x$ | $K_{Kauf} = 45.000 + 0{,}04\,x + 100.800$ |
| $K_{Leasing} = 100.800 + 0{,}06\,x$ | $K_{Kauf} = 145.800 + 0{,}04\,x$ |

Für die rechnerische Lösung erfolgt die Ermittlung der kritischen Menge über das Gleichsetzen der beiden Kostenfunktionen:

$$K_{Leasing} = K_{Kauf}$$

$$100.800 + 0,06\ x = 145.800 + 0,04\ x$$

$$0,02\ x = 45.000$$

$$\underline{x = 2.250.000}$$

Für die grafische Lösung werden die beiden Kostenfunktionen in einem Diagramm dargestellt:

Kosten in €

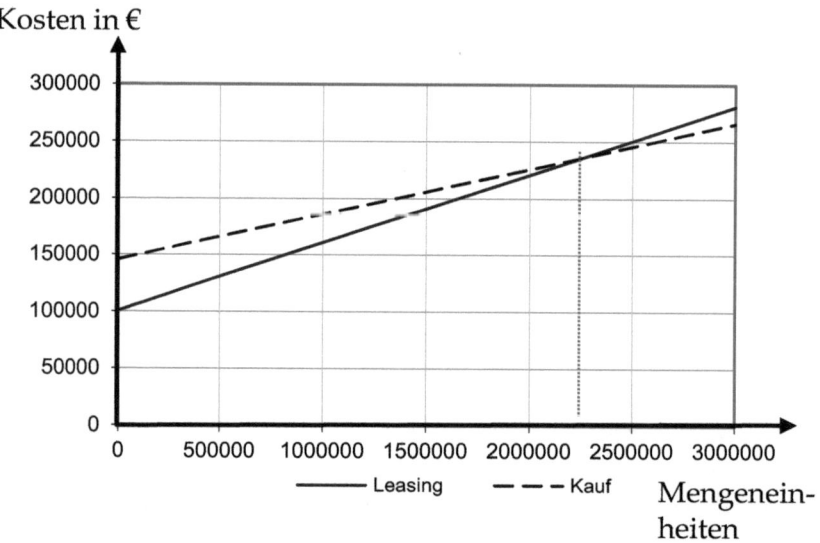

Bei weniger als 2,25 Millionen Mengeneinheiten ist es vorteilhafter die geleaste Telefonanlage weiter zu nutzen, bei mehr als 2,25 Millionen Mengeneinheiten ist der Kauf der neuen Telefonanlage bei Stilllegung der vorhandenen geleasten Anlage zu empfehlen.

### 3.3 Diskontinuierliche Kapitalminderung

In den oben dargestellten Ausführungen zu Ersatzinvestitionen und Erweiterungsinvestitionen ist regelmäßig eine kontinuierliche Kapitalminderung angenommen.

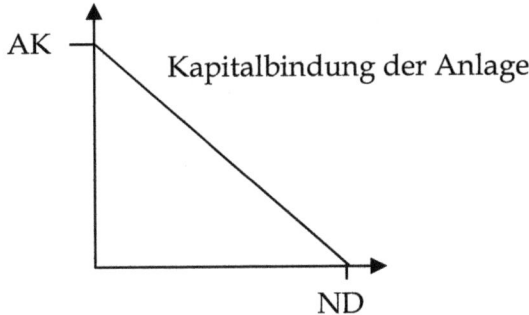

**Abbildung 6: Kontinuierliche Kapitalminderung**

Insbesondere wenn aus dem Sachverhalt hervorgeht, dass eine Fremdfinanzierung gewählt wurde, die eine Tilgung nur zum Jahresende vorsieht, erfolgt die Kapitalminderung diskontinuierlich. Dieser Sachverhalt wirkt sich auf das durchschnittlich gebundene Kapital aus.

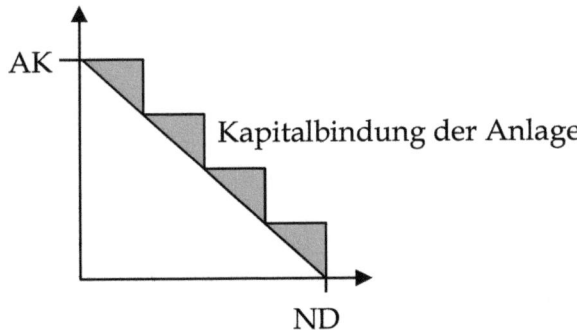

**Abbildung 7: Diskontinuierliche Kapitalminderung**

Die Kapitalbindung bei diskontinuierlicher Kapitalminderung ist um die treppenförmige Fläche (siehe Abbildung 7) größer als bei kontinuierlicher Kapitalminderung.

Für das durchschnittlich gebundene Kapital ergibt sich dann folgende Formel[18]:

---

[18] Da es sich (siehe Abbildung 8) um ein rechtwinkliges Dreieck handelt, kann der Flächeninhalt nach der Formel $A = \dfrac{a \cdot b}{2}$ ermittelt werden. Die Seite a ist die Strecke $\overline{AB}$, die Seite b ist die Strecke $\overline{BC}$. Die Strecke $\overline{BC}$ ist $\dfrac{AK}{ND}$, die Strecke $\overline{AB}$ ist $\dfrac{1}{ND}$. Somit ergibt sich als Flächeninhalt für ein Dreieck $A = \left( \dfrac{AK}{ND} \cdot \dfrac{1}{ND} \right) \cdot \dfrac{1}{2}$. Für die Ermittlung des Flächeninhaltes für die gesamte in der Abbildung 7 schraffierte Fläche muss der Flächeninhalt eines Dreieckes mit der Anzahl der Dreiecke multipliziert werden. Wenn von dem eingangs beschriebenen Finanzierungsmodell ausgegangen wird, dass eine Tilgung des Kredites zum Jahresende vorgenommen wird, entspricht die Anzahl der Dreiecke der Zahl der Jahre. Somit hat die gesamte schraffierte Fläche einen Flächeninhalt von $A = \dfrac{AK}{ND} \cdot \dfrac{1}{ND} \cdot \dfrac{1}{2} \cdot ND$ bzw. $A = \dfrac{AK}{2 \cdot ND}$.

Das durchschnittlich gebundene Kapital ergibt sich nach folgender Formel

$$durchschnittlich\ gebundenes\ Kapital = \frac{Anschaffungskosten}{2} \cdot \frac{Anschaffungskosten}{2 \cdot Nutzungsdauer}$$

Dabei gibt der Faktor $\dfrac{Anschaffungskosten}{2}$ die Kapitalbindung bei kontinuierlicher Kapitalminderung an (siehe Abbildung 8: nicht schraffierte dreieckige Fläche), der Faktor $\dfrac{Anschaffungskosten}{2 \cdot Nutzungsdauer}$ ist der treppenförmige Aufsatz (siehe Abbildung 8: schraffierte Fläche). Diese Formel lässt sich auch schreiben als:

$$durchschnittlich\ gebundenes\ Kapital = \frac{Anschaffungskosten}{2} \cdot \left( 1 + \frac{1}{Nutzungsdauer} \right)$$

Somit ergeben sich die Zinsen nach der folgenden Formel:

$$durchschnittlich\ gebundenes\ Kapital = \frac{AK}{2} \cdot \left(1 + \frac{1}{ND}\right)$$

Die Zinsen bezüglich des durchschnittlich gebundenen Kapitals sind

$$Zinsen = \frac{Anschaffungskosten}{2} \cdot \left(1 + \frac{1}{Nutzungsdauer}\right) \cdot kalkulatorischer\ Zinssatz$$

$$Z = \frac{AK}{2} \cdot \left(1 + \frac{1}{ND}\right) \cdot i$$

Zur Ermittlung der Formel soll die folgende Abbildung die Erläuterungen geben:

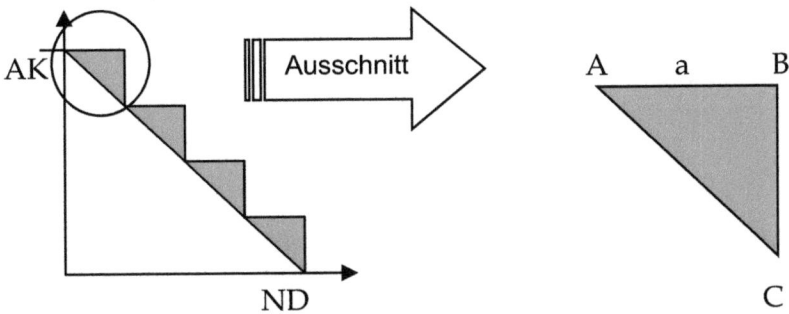

**Abbildung 8: Zusätzliche Kapitalbindung bei diskontinuierlicher Kapitalminderung**

$$Zinsen = \frac{Anschaffungskosten}{2} \cdot \left(1 + \frac{1}{Nutzungsdauer}\right) \cdot kalkulatorischer\ Zinssatz$$

$$Z = \frac{AK}{2} \cdot \left(1 + \frac{1}{ND}\right) \cdot i$$

**Beispiel**:

Zur Finanzierung der Anschaffungsausgabe für ein Fahrzeug in Höhe von 24.000 € wird ein Kredit aufgenommen. Die Laufzeit des Kredites entspricht der Nutzungsdauer des Fahrzeuges mit 6 Jahren. Der nominale Zinssatz beträgt 9%. Der Kredit soll jährlich mit einem gleichbleibenden Betrag getilgt werden. Die Zinsen sowie die Tilgung sind jeweils zum Jahresende zu zahlen. Es sind die durchschnittlich zu zahlenden Zinsen zu ermitteln.

Die Zinsen sind entsprechend der Sachverhaltsdarstellung nach der o.g. Formel für eine diskontinuierliche Kapitalminderung zu ermitteln:

$$Z = \frac{AK}{2} \cdot \left(1 + \frac{1}{ND}\right) \cdot i$$

$$Z = \frac{24.000}{2} \cdot \left(1 + \frac{1}{6}\right) \cdot 0{,}09$$

$$Z = 1.260$$

An den jährlichen Zahlungen kann die Rechnung verdeutlicht werden:

| Jahr | Kreditbetrag | Zinsen<br>*Kreditbetrag · Zinssatz* |
|:----:|:------------:|:-----------------------------------:|
| 1 | 24.000 € | 2.160 € |
| 2 | 20.000 € | 1.800 € |
| 3 | 16.000 € | 1.440 € |
| 4 | 12.000 € | 1.080 € |
| 5 | 8.000 € | 720 € |
| 6 | 4.000 € | 360 € |

Die durchschnittliche Kredithöhe beträgt 14.000 € und ergibt sich als arithmetisches Mittel der in der Tabelle angegebenen jährlichen Kreditbeträge. Mit Anwendung des Zinssatzes von 9 % ergibt sich daraus eine durchschnittlich jährliche Zinsbelastung von 1.260 €.

Hätte man eine Finanzierung angenommen, die einer kontinuierlichen Kapitalminderung entspricht, würden die Zinsen 1.080 € betragen.

$$Z = \frac{AK}{2} \cdot i = \frac{24.000}{2} \cdot 0,09 = 1.080$$

# 4 Gewinnvergleichsrechnung

## 4.1 Grundlagen der Gewinnvergleichsrechnung

Öffentliche Betriebe sind vielfach Betriebe mit dem Grundsatz der Kostendeckung, deren Aufgabe die Deckung eines Kollektivbedarfs ist. Auch wenn diesen Betrieben ein wesentliches Merkmal der privaten Unternehmung, nämlich das Streben nach langfristiger Gewinnmaximierung fehlt, so spielt dennoch auch in der öffentlichen Verwaltung die Gewinnvergleichsrechnung eine Rolle. Die Preispolitik öffentlicher Betriebe zielt mindestens auf eine Kostendeckung ab, gewöhnlich wird aber auch ein angemessener Gewinn erwartet, der dem öffentlichen Haushalt einen Zuschuss erbringen soll. Das wird besonders deutlich bei den kommunalen Eigenbetrieben, die natürlich auch dem öffentlichen Zweck und Interesse dienen, diese Zielsetzung wird aber mit einer Gewinnerzielungsabsicht verbunden.

Für die Auswahl verschiedener Investitionsalternativen kann neben der Kostenvergleichsrechnung auch eine Gewinnvergleichsrechnung durchgeführt werden. Hier werden neben den zu betrachtenden Kosten noch die Erlöse einbezogen, die für die unterschiedlichen Investitionsobjekte unterschiedlich sein können. Es ist die Investitionsalternative zu bevorzugen, die den höheren Gewinn erwarten lässt.

Durch die Integration der Erlöse in die Betrachtung hat dieses Verfahren gegenüber der Kostenvergleichsrechnung den Vorteil, dass aufgezeigt werden kann, ob überhaupt eine Gewinnerzielung möglich ist. Bei freiwilligen Aufgaben kann so die Frage gestellt werden, mit welcher Investitionsalternative der größere Gewinn erzielt werden kann.

Bei der Gewinnvergleichsrechnung wird der erzielbare Gewinn verschiedener Investitionsalternativen miteinander verglichen. Der Gewinn ergibt sich nach der Formel

*Gewinn = Erlös − Kosten*

$G = E - K$

Der Erlös ist

*Erlös = Stückpreis · Menge*

$E = p \cdot x$

Vom Erlös werden zur Ermittlung des Gewinnes die Kosten abgezogen. Die Kosten werden mit der bereits dargestellten Kostenfunktion beschrieben.

$K = K_{fix} + k_{var} \cdot x$

Der Gewinn ist die Differenz von Erlös und Kosten:

$G = p \cdot x - (K_{fix} + k_{var} \cdot x)$

$G = p \cdot x - K_{fix} - k_{var} \cdot x$

$G = p \cdot x - k_{var} x - K_{fix}$

$G = (p - k_{var}) \cdot x - K_{fix}$

Im Rahmen der Gewinnvergleichsrechnung wird nun ermittelt, bei welcher Alternative der erzielbare Gewinn größer ist. Der Stückpreis ist dabei gegeben. Wenn unterstellt wird, dass keine Lagerhaltung vorliegt, also die hergestellte Menge mit der verkauften Menge übereinstimmt, kann der für die Menge anzunehmende Wert $x$ in die oben genannte Gewinnfunktion für die jeweilige Alternative eingesetzt werden. Der so ermittelte Gewinn der Alternativen wird miteinander verglichen und die Alternative mit dem größten erzielbaren Gewinn empfohlen.

Wie auch bereits bei der Kostenvergleichsrechnung ist auch hier zu sagen, dass die Menge nicht immer definitiv vorgegeben ist. Es ist auch in der Gewinnvergleichsrechnung möglich die kritische Menge über das Gleichsetzen von zwei Gewinnfunktionen zu ermitteln.

Die Differenz von Preis und variablen Stückkosten ist der Stückdeckungsbeitrag *(db)*.

$$db = p - k_{var}$$

Der Deckungsbeitrag gibt an, wie viele Geldeinheiten ein Produkt zum Abdecken der Fixkosten beiträgt. Durch Multiplikation des Stückdeckungsbeitrages mit der Stückzahl ergibt sich der gesamte Deckungsbeitrag *(DB)*.

$$DB = db \cdot x$$

Ist nun der gesamte Deckungsbeitrag größer als die Fixkosten, so wird ein Gewinn ausgewiesen.

$$G = DB - K_{fix}$$

Sind hingegen die Fixkosten größer als der Deckungsbeitrag, so ist der Gewinn im negativen Bereich und stellt damit einen Verlust dar.

## 4.2 Break-Even-Analyse

Soll für eine Investitionsalternative die Menge ermittelt werden, die nötig ist, um kostendeckend zu arbeiten, so wird eine Break-Even-Analyse durchgeführt. Die Break-Even-Menge ist genau die Menge, wo der Übergang von der Verlust- in die Gewinnzone stattfindet. Für die rechnerische Ermittlung der Gewinnschwelle werden die Erlösfunktion und die Kostenfunktion gleichgesetzt. Für die grafische Ermittlung der Break-Even-Menge werden die Kostenfunktion und die Erlösfunktion dargestellt und der Schnittpunkt beider Funktionen ermittelt.

**Beispiel**:
Preis = 5 €
Variable Stückkosten = 3 €
Fixkosten pro Periode = 1.000 €
Kapazität pro Periode = 1.500 Stück

$$E = 5\,x \qquad \text{für } 0 \leq x \leq 1.500$$

$$K = 1.000 + 3\,x \qquad \text{für } 0 \leq x \leq 1.500$$

$$E = K$$

$$5\,x = 1.000 + 3\,x$$

$$2\,x = 1.000$$

$$\underline{x = 500}$$

| Menge | Kosten | Erlös |
|-------|--------|-------|
| 0 | 1.000 | 0 |
| 500 | 2.500 | 2.500 |
| 1.000 | 4.000 | 5.000 |
| 1.500 | 5.500 | 7.500 |

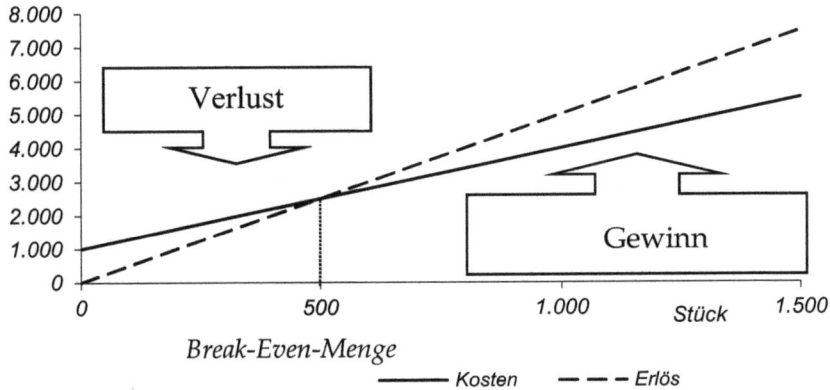

**Abbildung 9: Grafische Ermittlung des Break-Even-Punktes durch Gegenüberstellung von Erlös und Kosten**

Bei 500 Stück ist der Kostendeckungspunkt erreicht. Die Kapazität müsste zu einem Drittel ausgelastet sein, damit mit den Erlösen sämtliche Kosten gedeckt werden können. Sowohl die Erlöse als auch die Kosten betragen bei 500 Stück 2.500 €.

Die Ermittlung der Break-Even-Menge kann auch über eine Gegenüberstellung des Deckungsbeitrages und der Fixkosten erfolgen.

Anhand des obigen Beispiels ergibt sich folgende Funktion für die Ermittlung des Deckungsbeitrages:

$$DB = db \cdot x$$

$$DB = (p - k_{var}) \cdot x$$

$$DB = (5 - 3) \cdot x$$

$$DB = 2x$$

Die Fixkosten sind konstant mit 1.000 €.

| Menge | Fixkosten | Deckungsbeitrag |
|-------|-----------|-----------------|
| 0 | 1000 | 0 |
| 500 | 1000 | 1000 |
| 1000 | 1000 | 2000 |
| 1500 | 1000 | 3000 |

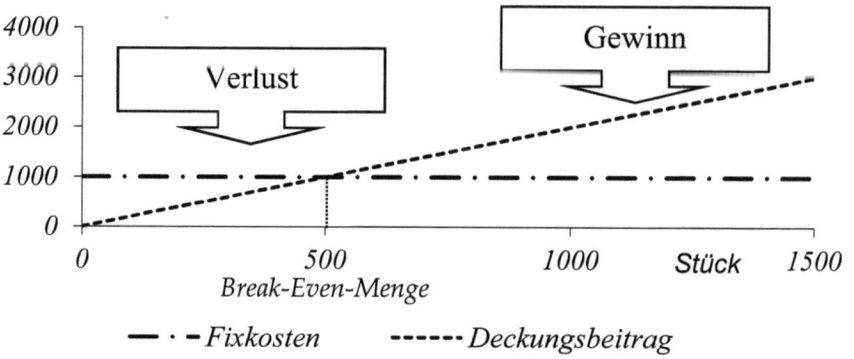

**Abbildung 10: Grafische Ermittlung des Break-Even-Punktes durch Gegenüberstellung von Deckungsbeitrag und Fixkosten**

Der Schnittpunkt von Deckungsbeitrag und Fixkosten liegt bei 500 Stück. Bei 500 Stück reicht der Deckungsbeitrag genau dafür aus, um die Fixkosten abzudecken.

Der Deckungsbeitrag pro Stück beträgt 2 € und steht von 500 Stück zur Verfügung, somit stehen 1.000 € zum Abdecken der Fixkosten zur Verfügung. Aus jedem weiteren verkauften Stück resultiert eine Gewinnerzielung.

## Beispiel:

Die Stadtverwaltung möchte ein betriebsinternes IT-Fortbildungszentrum aufbauen, in welchem einwöchige Schulungen für eigene Bedienstete sowie für Bedienstete anderer Kommunen gegen Kostenübernahme angeboten werden.

Pro Jahr sollen in 45 Wochen die Schulungen angeboten werden.

Folgende Investitionsalternativen stehen zur Verfügung. Es kann ein PC-Kabinett mit 8 Standardarbeitsplätzen eingerichtet werden. Die Ausstattung eines Arbeitsplatzes erfordert Anschaffungskosten in Höhe von 1.500 €. Die Raumausstattung verursacht Anschaffungskosten in Höhe von 1.200 €. Die Nutzungsdauer sowohl der Arbeitsplatz- als auch der Raumausstattung beträgt 3 Jahre. Die Lehrmaterialien kosten pro Teilnehmer 20 €. Für das Lehrpersonal ist pro Lehrgangswoche ein Honorar in Höhe von 1.200 € einzukalkulieren. Die Teilnahmegebühr soll pro Teilnehmer und Lehrgangswoche 200 € betragen.

In den gleichen Räumen kann eine Lernwerkstatt eingerichtet werden. Die Lernwerkstatt müsste mit acht Komfort-Arbeitsplätzen ausgestattet werden. Die Ausstattung eines Komfort-Arbeitsplatzes beträgt 2.000 €. Die Raumausstattung hätte Anschaffungskosten in Höhe von 4.100 €. Die Nutzungsdauer sowohl der Arbeitsplatz- als auch der Raumausstattung beträgt 3 Jahre. Für das benötigte Lehrmaterial sind Kosten pro Lehrgangsteilnehmer in Höhe von 5 € zu kalkulieren. Das Honorar für das Lehrpersonal ist in der Lernwerkstatt mit 1.500 € zu kalkulieren. Aufgrund der modernen technischen Ausstattung und der innovativen Lehrmethoden wird eine Teilnahmegebühr pro Woche in Höhe von 250 € für angemessen gehalten.

Der kalkulatorische Zinssatz ist 10 %.

Es wird angenommen, dass die unterschiedliche Ausstattung des IT-Fortbildungszentrums und die unterschiedlichen Nutzungsgebühren keinen Einfluss auf die Zahl der Lehrgangsteilnehmenden haben.

a) Ermitteln Sie den erzielbaren Gewinn, wenn die Schulungen im PC-Kabinett bzw. in der Lernwerkstatt im Rahmen einer voll ausgelasteten Kapazität durchgeführt werden können und interpretieren Sie das Ergebnis!

b) Ermitteln Sie die kritische Menge!

c) Bei welcher Auslastung wäre für jede der Alternativen erforderlich, um kostendeckend zu arbeiten?

Lösung zur Aufgabe a)

Ermittlung der Kosten pro Jahr bei einer Auslastung von 100 %

| PC-Kabinett | Lernwerkstatt |
|---|---|
| $Abschreibung = \dfrac{1.500 \cdot 8 + 1.200}{3} = 4.400$ | $Abschreibung = \dfrac{5.000}{5} = 1.000$ |
| $Zinsen = \dfrac{1.500 \cdot 8 + 1.200}{2} \cdot 0,1 = 660$ | $Zinsen = \dfrac{5.000}{2} \cdot 0,08 = 200$ |
| *Sonstige Fixkosten* = 54.000 | *Sonstige Fixkosten* = 67.500 |
| Gesamte Fixkosten = 59.060 | Gesamte Fixkosten = 75.205 |
| $K_{PC\text{-}Kabinett}$ = 59.060 +20 x | $K_{Lernwerkstatt}$ = 75.205+ 5 x |
| x = 360 [19] | |
| **Kosten = 66.260** | **Kosten = 77.005** |

---

[19] je 8 Teilnehmende in den jeweils 45 Lehrgangswochen

Ermittlung der Erlöse pro Jahr bei einer Auslastung von 100 %

| PC-Kabinett | Lernwerkstatt |
|---|---|
| Erlös = 200x | Erlös = 250x |
| x = 360 | |
| **Erlös = 72.000** | **Erlös = 90.000** |

Ermittlung des Gewinnes pro Jahr bei einer Auslastung von 100 %

| PC-Kabinett | Lernwerkstatt |
|---|---|
| G = E - K | |
| **G = 5.740** | **G = 12.995** |

Sollte von einer Auslastung von 100 % auszugehen sein, so wäre aus Sicht der Gewinnvergleichsrechnung die Ausstattung der Lernwerkstatt zu empfehlen.

Würde man die Kostenvergleichsrechnung als geeignetes Verfahren verwenden, wäre die Ausstattung als PC-Kabinett zu empfehlen. Allerdings würde man dann übersehen, dass durch die unterschiedliche Ausstattung ein höherer Marktpreis akzeptiert wird und damit die Gewinnerzielungsmöglichkeit bei Ausstattung der Lernwerkstatt größer ist.

## Lösung zur Aufgabe b)

Zur Ermittlung der kritischen Menge werden die Gewinnfunktionen beider Alternativen gleichgesetzt.

$$G_{PC\text{-}Kabinett} = 200x - (59.060 + 20x) \qquad G_{Lernwerkstatt} = 250x - (75.205 + 5x)$$

$$G_{PC\text{-}Kabinett} = G_{Lernwerkstatt}$$

$$200x - (59.060 + 20x) = 250x - (75.205 + 5x)$$

$$200x - 59.060 - 20x = 250x - 75.205 - 5x$$

$$180x - 59.060 = 245x - 75.205$$

$$-59.060 + 75.205 = 245x - 180x$$

$$16.145 = 65 x$$

$$\underline{248 = x}$$

Bei jährlich 248 Lehrgangsteilnehmenden pro Jahr (5,52 Teilnehmende pro Lehrgang) wären die erzielbaren Gewinne identisch. Bei einer Auslastung mit maximal 5 Teilnehmenden pro Lehrgang sollte das PC-Kabinett ausgestattet werden. Bei mindestens 6 Teilnehmenden pro Lehrgang sollte die Lernwerkstatt bevorzugt werden.

Lösung zur Aufgabe c)

Zur Ermittlung der Break-Even-Menge müssen die Erlösfunktion und die Kostenfunktion einer Alternative gleichgesetzt werden bzw. die jeweilige Gewinnfunktion muss mit null gleichgesetzt werden.

$$G_{PC\text{-}Kabinett} = 200x - (59.060 + 20x)$$

$$G_{PC\text{-}Kabinett} = 0$$
$$0 = 200x - (59.060 + 20x)$$
$$0 = 200x - 59.060 - 20x$$
$$0 = 180x - 59.060$$
$$59.060 = 180\,x$$
$$\underline{328 = x}$$

Bei Ausstattung des PC-Kabinettes müssten es pro Jahr mindestens 328 Lehrgangsteilnehmende bzw. pro Lehrgang 7,4 und damit 8 Teilnehmende sein, um eine Kostendeckung zu erreichen.

$$G_{Lernwerkstatt} = 250x - (75.205 + 5x)$$

$$G_{Lernwerkstatt} = 0$$
$$0 = 250x - (75.205 + 5x)$$
$$0 = 250x - 75.205 - 5x$$
$$0 = 245x - 75.205$$
$$75.205 = 245x$$
$$\underline{307 = x}$$

Bei Einrichtung der Lernwerkstatt müssten es mindestens 307 Lehrgangsteilnehmende pro Jahr bzw. pro Lehrgang 6,8 und damit 7 Teilnehmende pro Schulung sein, um eine Kostendeckung zu erreichen.

Für die Lösung von Aufgaben zur Gewinnvergleichsrechnung empfiehlt sich die Anwendung von *Microsoft Excel*. Es sollten alle gegebenen Größen in einen Datenbereich eingegeben werden (grau unterlegter Bereich in der Excel-Tabelle) und die Berechnungen über Formeln ausgeführt werden. So lassen sich leicht Änderungen vornehmen, ohne Eintragungen in die Formeln vornehmen zu müssen.

| | A | B | C |
|---|---|---|---|
| 1 | | | |
| 2 | Zinssatz | 0,1 | |
| 3 | Zahl der Arbeitsplätze | 8 | 8 |
| 4 | Anschaffungskosten Arbeitsplatz | 1500 | 2000 |
| 5 | Raumausstattung | 1200 | 4100 |
| 6 | Nutzungsdauer (Jahre) | 3 | 3 |
| 7 | Kosten Lehrpersonal pro Woche | 1200 | 1500 |
| 8 | Lehrgangsmaterial | 20 | 5 |
| 9 | Auslastung pro Lehrgang | 8 | |
| 10 | Anzahl der Lehrgänge pro Jahr | 45 | |
| 11 | Preis | 200 | 250 |
| 12 | FIXKOSTEN | | |
| 13 | Abschreibung | =((B4*B3)+B5)/B6 | =((C4*C3)+C5)/C6 |
| 14 | Zinsen | =(B4*B3+B5)/2*$B2 | =(C4*C3+C5)/2*$B2 |
| 15 | Lehrpersonal | =B7*45 | =C7*45 |
| 16 | gesamt | =SUMME(B13:B15) | =SUMME(C13:C15) |
| 17 | VARIABLE KOSTEN | | |
| 18 | Lehrgangsmaterial pro Jahr | =B8*$B9*$B10 | =C8*$B9*$B10 |
| 19 | GESAMTKOSTEN | =B16+B18 | =C16+C18 |
| 20 | ERLÖSE | =B11*$B10*$B9 | =C11*$B10*$B9 |
| 21 | GEWINN | =B20-B19 | =C20-C19 |
| 22 | kritische Menge | | |
| 23 | pro Jahr | =(B16-C16)/((B11-B8)-(C11 | |
| 24 | Pro Lehrgang | =B23/B10 | |
| 25 | Break-Even-Menge | | |
| 26 | pro Jahr | =B16/(B11-B8) | =C16/(C11-C8) |
| 27 | Pro Lehrgang | =B26/$B10 | =C26/$B10 |
| 28 | | | |

Er werden folgende Ergebnisse angezeigt:

| 12 | FIXKOSTEN | | |
|---|---|---|---|
| 13 | Abschreibung | 4.400,00 | 6.700,00 |
| 14 | Zinsen | 660,00 | 1.005,00 |
| 15 | Lehrpersonal | 54.000,00 | 67.500,00 |
| 16 | gesamt | 59.060,00 | 75.205,00 |
| 17 | VARIABLE KOSTEN | | |
| 18 | Lehrgangsmaterial pro Jahr | 7.200,00 | 1.800,00 |
| 19 | GESAMTKOSTEN | 66.260,00 | 77.005,00 |
| 20 | ERLÖSE | 72.000,00 | 90.000,00 |
| 21 | GEWINN | 5.740,00 | 12.995,00 |
| 22 | kritische Menge | | |
| 23 | pro Jahr | 248,38 | |
| 24 | Pro Lehrgang | 5,52 | |
| 25 | Break-Even-Menge | | |
| 26 | pro Jahr | 328,11 | 306,96 |
| 27 | Pro Lehrgang | 7,29 | 6,82 |
| 28 | | | |

# 5 Rentabilitätsrechnung

## 5.1 Der Begriff Rentabilität

Die Rentabilität ist der Periodenerfolg im Verhältnis zum Kapital. Sie zeigt, wie sich das Kapital einer Periode verzinst.[20] Das Gesamtkapital setzt sich zusammen aus dem Eigenkapital und dem Fremdkapital. In Abhängigkeit vom Umfang des Begriffes Kapital kann man zwischen der Gesamtkapitalrentabilität und der Eigenkapitalrentabilität unterscheiden.

$$\text{Gesamtkapitalrentabilität} = \frac{Gewinn + Fremdkapitalzinsen}{Eigenkapital + Fremdkapital} \cdot 100$$

$$\text{Eigenkapitalrentabilität} = \frac{Gewinn}{Eigenkapital} \cdot 100$$

Das in der Privatwirtschaft angestrebte Ziel einer Gewinnmaximierung ist nicht als Maximierung der Gesamtkapitalrentabilität aufzufassen, sondern als Maximierung der Eigenkapitalrentabilität. Jedoch ist für betriebswirtschaftliche Entscheidungen auch die Gesamtkapitalrentabilität von Bedeutung, denn die Maximierung der Gesamtkapitalrentabilität führt zum Gewinnmaximum, wenn der Fremdkapitalzins niedriger ist als die Gesamtkapitalrentabilität.[21]

---

[20] Die zu zahlenden Fremdkapitalzinsen sind Aufwand und mindern somit den Gewinn. Der an den Fremdkapitalgeber zu zahlende Betrag für die Zinsen wurde vom Gesamtkapital zunächst erwirtschaftet und muss somit zum Gewinn hinzugerechnet werden. Die Summe von Gewinn und Zinsen wird auch als Gewinn vor Zinsen bezeichnet. Der Gewinn vor Zinsen ist der Vorläufer des EBIT (*earnings before interest and taxes*), dem Gewinn vor Zinsen und Steuern.

[21] Die Erhöhung der Eigenkapitalrentabilität durch eine Fremdfinanzierung mit einem Zinssatz der niedriger ist als die Gesamtkapitalrentabilität wird als „Le-

Die Rentabilitätsbetrachtung ist auch als Ermittlung des ROI (Return on Investment)[22] bekannt. In der einfachsten Form wird dabei der ROI wie folgt ermittelt:

$$ROI = \frac{Gewinn}{Kapital} \cdot 100$$

Die Rentabilitätsrechnung kann als Ergänzung zur Gewinnvergleichsrechnung betrachtet werden. Wenn z.B. der Vergleich von zwei Investitionsalternativen zu dem Ergebnis führt, dass bei einer Alternative ein jährlicher Gewinn in Höhe von 50.000 €, bei der anderen Alternative ein Gewinn in Höhe von 150.000 € erzielt wird, so sollte man nicht bei diesem Wert stehen bleiben, sondern ergänzend betrachten, welcher Kapitaleinsatz für die jeweilige Alternative erforderlich ist.

Nimmt man an, dass für die erstgenannte Alternative ein durchschnittlicher Kapitaleinsatz in Höhe von 500.000 € notwendig wäre, so wurde sich dieser Kapitaleinsatz mit 10 % „verzinsen". Diese „Zinsen" bekommt man natürlich nicht von der Bank, sondern durch unternehmerische Aktivitäten auf dem Markt. Man hätte 500.000 € auch bei der Bank fest anlegen können, dann hätte man vielleicht nur 3 % Zinsen bekommen. Man bekommt die Zinsen also nicht nur von der Bank, wenn man dort sein Geld anlegt, sondern auch durch die unternehmerischen Aktivitäten.

Schaut man nun auf die Investitionsalternative, die zu einem Gewinn von 150.000 € führen wird, zeigt sich, dass diese Investition einen durchschnittlichen Kapitaleinsatz von 2.000.000 € erfordert. Der Rückfluss aus dem eingesetzten Kapital beträgt dann 7,5 %. Die Rentabilität, also die Verzinsung der erstgenannten Alternative ist somit höher als bei der zweiten Investitionsmöglichkeit, auch wenn dort ein höherer Gewinn erzielt werden kann.

---

verage-Effekt" bezeichnet. Darunter ist die Hebelwirkung zunehmender Verschuldung auf die Eigenkapitalrentabilität zu verstehen.

[22] Der ROI bezeichnet den Rückfluss des eingesetzten Kapitals.

## 5.2 Rentabilitätsrechnung als Verfahren der Wirtschaftlichkeitsrechnungen

In der Rentabilitätsrechnung als Verfahren der Wirtschaftlichkeitsrechnung wird die durchschnittliche Gesamtkapitalrentabilität ($r_{GK}$) einer Investition ermittelt.

$$\frac{\text{Gesamtkapital-}}{\text{rentabilität}} = \frac{durchschnittlicher\ Gewinn\ vor\ Zinsen}{durchschnittlich\ gebundenes\ Kapital} \cdot 100$$

$$r = \frac{G + Z}{durchschnittlich\ gebundenes\ Kapital} \cdot 100$$

Es wird ermittelt, wie sich das durchschnittlich gebundene Kapital in einer Periode verzinst. Es ist dann die Alternative zu bevorzugen, welche die höhere Rentabilität hat.

Darüber hinaus ist ein Vergleich mit einer Mindestrentabilität auszuführen. Als Mindestrentabilität kann der kalkulatorische Zinssatz herangezogen werden, es kann aber auch noch ein Risikozuschlag berücksichtigt werden.

**Beispiel:**

Die Stadt M möchte zur Verbesserung der Attraktivität der Stadt für den Tourismus eine Schwebeseilbahn errichten, mit der ein nahegelegener Aussichtspunkt unbeschwert erreicht werden kann. Die Errichtung der Seilbahn würde Anschaffungskosten in Höhe von 1,5 Mio. € verursachen. Die Nutzungsdauer beträgt 15 Jahre. Der kalkulatorische Zinssatz beträgt 10 %. Die laufenden Betriebskosten und Wartungskosten pro Jahr werden 200.000 € betragen. Pro Jahr wird mit Erlösen durch den Betrieb der Seilbahn in Höhe von 500.000 € gerechnet.

Daraus ergibt sich folgende Gewinn- und Verlustrechnung:

| Aufwand | GuV | | Ertrag |
|---|---|---|---|
| Abschreibung | 100.000 € | Umsatzerlöse | 500.000 € |
| Betriebs- und | | | |
| Wartungskosten | 200.000 € | | |
| Zinsen[23] | 75.000 € | | |
| Gewinn | 125.000 € | | |
| | 500.000 € | | 500.000 € |

Die durchschnittliche Rentabilität wird nach der oben genannten Formel ermittelt:

$$\text{Gesamtkapitalrentabilität} = \frac{\text{durchschnittlicher Gewinn vor Zinsen}}{\text{durchschnittlich gebundenes Kapital}} \cdot 100$$

Der durchschnittliche Gewinn vor Zinsen beträgt 200.000 €. Das durchschnittlich gebundene Kapital ergibt sich aus der Hälfte der Anschaffungskosten[24] und ist somit hier 750.000 €.

$$\text{Gesamtkapitalrentabilität} = \frac{200.000}{750.000} \cdot 100$$

*Gesamtkapitalrentabilität = 26,67 %*

---

[23] Hier wird angenommen, dass zur Finanzierung der Anschaffungskosten ein Kredit mit kontinuierlicher Tilgung entsprechend der Nutzungsdauer der Seilbahn zu einem Zinssatz von 10 % aufgenommen wurde. Sollte eine Finanzierung mit Eigenkapital erfolgen, muss der Investor zwar keine Zinsen zahlen, es gehen ihm Zinseinkünfte in entsprechender Höhe verloren. Dabei wird vereinfachend angenommen, dass der Fremdkapitalzinssatz und der Eigenkapitalzinssatz gleich groß sind, was in der Praxis sicher nicht so ist.
[24] Ausführlich zur Ermittlung des durchschnittlich gebundenen Kapitals siehe Kostenvergleichsrechnung

Die Rentabilität liegt mit 26,67 % deutlich über dem kalkulatorischen Zinssatz (hier: 10 %). Wenn dieser hier als Mindestrentabilität angenommen wird, wäre die Errichtung der Seilbahn aus Sicht der Rentabilitätsrechnung zu empfehlen.

In der öffentlichen Verwaltung mangelt es jedoch aufgrund der vielfach noch verwendeten Kameralistik an einer Aussage zum erzielbaren bzw. erzieltem Gewinn. Daher kann insbesondere in der öffentlichen Verwaltung statt des Gewinns vor Zinsen der durchschnittliche Einnahmeüberschuss ohne Zinsen verwendet werden.

$$\text{Gesamtkapital-rentabilität} = \frac{\textit{durchschnittlicher Einnahmeüberschuss ohne Zinsen}}{\textit{durchschnittlich gebundenes Kapital}} \cdot 100$$

$$\text{Gesamtkapital-rentabilität} = \frac{\textit{durchschnittliche Einnahmen} - \textit{durchschnittliche Ausgaben ohne Zinsen}}{\textit{durchschnittlich gebundenes Kapital}} \cdot 100$$

Einnahmen stellen eine Erhöhung des Geldvermögens dar, Ausgaben sind eine Verminderung des Geldvermögens. Das Geldvermögen ist die Summe aus dem Zahlungsmittelbestand und dem Bestand an sonstigen Forderungen abzüglich der Verbindlichkeiten.

Für die oben dargestellte Gewinn- und Verlustrechnung wird nun eine Gegenüberstellung der durchschnittlichen Einnahmen und Ausgaben ohne Zinsen vorgenommen, um den durchschnittlichen Einnahmeüberschuss vor Zinsen zu ermitteln:

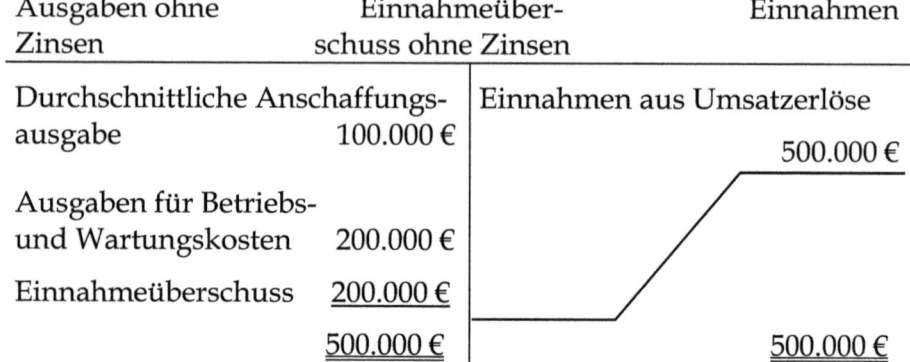

| Ausgaben ohne Zinsen | | Einnahmeüber-schuss ohne Zinsen | Einnahmen |
|---|---|---|---|
| Durchschnittliche Anschaffungsausgabe | 100.000 € | Einnahmen aus Umsatzerlöse | 500.000 € |
| Ausgaben für Betriebs- und Wartungskosten | 200.000 € | | |
| Einnahmeüberschuss | 200.000 € | | |
| | 500.000 € | | 500.000 € |

Durchschnittlich nimmt das Geldvermögen pro Jahr um 500.000 € durch die Umsatzerlöse zu. Davon fließen durchschnittlich 100.000 € für die Anschaffungsausgabe und 200.000 € für den Betrieb und die Wartung der Seilbahn ab. Somit verbleibt ein Überschuss von 200.000 € zum Begleichen der Zinsen und darüber hinaus als Gewinn. Diese 200.000 € Einnahmeüberschuss ohne Zinsen werden nun im Verhältnis zum durchschnittlich gebundenen Kapital betrachtet:

$$Gesamtkapitalrentabilität = \frac{200.000}{750.000} \cdot 100$$

$$Gesamtkapitalrentabilität = 26.67\,\%$$

Somit ergibt sich auch in dieser Rechnung eine Rentabilität in Höhe von 26,67 %.

## 5.3 Kostenersparnisrentabilität

In der öffentlichen Verwaltung geht es aber vielfach nicht darum einen Gewinn bzw. einen Einnahmeüberschuss zu erzielen. Eine große Vielfalt von Aufgaben ist auszuführen, ohne dass aus dieser Aufgabenerfüllung unmittelbar Einnahmen erzielt werden.

Wie eingangs bereits dargestellt wurde, sind in der öffentlichen Verwaltung die angestrebten Ergebnisse durch die Festlegung der auszuführenden Aufgaben überwiegend vorgegeben, welche nach dem Minimalprinzip mit dem geringsten Mitteleinsatz ausgeführt werden sollen.

In der Kostenvergleichsrechnung wurde bereits gezeigt, dass der geringste Mitteleinsatz nicht an den Anschaffungskosten gemessen wird, sondern an den durchschnittlich anfallenden Gesamtkosten. Dabei kann die kostengünstigere Lösung natürlich auch die Alternative sein, welche die höheren Anschaffungskosten verursacht. Sich für die vermeintlich teurere Lösung entschieden zu haben, ist natürlich erklärungsbedürftig. Eine Erklärung liefert die Kostenvergleichsrechnung, ergänzend dazu kann eine Rentabilitätsrechnung durchgeführt werden, mit der ermittelt wird, wie sich der zusätzliche Kapitaleinsatz durch die Anlage mit den höheren Anschaffungskosten durch die eintretende Kostenersparnis verzinst. Auch hier werden die Zinsen der Kostenersparnis zugerechnet, um die gesamte Verzinsung zu ermitteln.

$$\text{Kostenersparnis-rentabilität} = \frac{\text{durchschnittliche Kostenersparnis vor Zinsen}}{\text{Zusätzlich durchschnittlich gebundenes Kapital}} \cdot 100$$

**Beispiel:**

Für die Ausführung der Außendiensttätigkeiten der Vermesser soll im Katasteramt ein neues Dienstfahrzeug angeschafft werden. Die Entscheidung ist für das Modell B gefallen. Das Fahrzeug ist mit einem Benzinmotor ausgestattet. Die Anschaffungskosten betragen 21.000 €. Für Steuern und Versicherung sind jährlich 900 € zu zahlen. Die Nutzungsdauer ist 6 Jahre. Pro Jahr werden 20.000 km zurückgelegt. Der kalkulatorische Zinssatz beträgt 7 %.

Der durchschnittliche Kraftstoffverbrauch ist mit 9 Liter je 100 km angegeben. Ein Liter Benzin kostet 1,25 €.

Der KFZ-Händler bietet für das Fahrzeug zu einem Aufpreis von 3.000 € eine Umrüstung auf Autogas um. Ein Liter Autogas kostet 0,65 €. Bei Autogasbetrieb ist der Kraftstoffverbrauch 11 Liter je 100 km.

Ermitteln Sie die Kostenersparnisrentabilität für die Umrüstung auf Autogas, wenn diese bei der angegebenen Fahrleistung kostengünstiger ist!

| Benzin | Autogas |
|---|---|
| $Abschreibung = \dfrac{21.000}{6} = 3.500\ €$ | $Abschreibung = \dfrac{24.000}{6} = 4.000\ €$ |
| $Zinsen = \dfrac{21.000}{2} \cdot 0,07 = 735\ €$ | $Zinsen = \dfrac{24.000}{2} \cdot 0,07 = 840\ €$ |
| $Sonstige\ Fixkosten = 900\ €$ | $Sonstige\ Fixkosten = 900\ €$ |

| Gesamte Fixkosten = 5.135 € | Gesamte Fixkosten = 5.740 € |
|---|---|
| $k_{var}^{Benzin} = \dfrac{9\,l}{100\,km} \cdot 1,25\dfrac{€}{l} \cdot = 0,1125\dfrac{€}{km}$ | $k_{var}^{Autogas} = \dfrac{11\,l}{100\,km} \cdot 0,65\dfrac{€}{l} \cdot = 0,0715\dfrac{€}{km}$ |
| x = 20.000 km || 
| $K_{var}^{Benzin} = k_{var}^{Benzin} \cdot x$ | $K_{var}^{Autogas} = k_{var}^{Autogas} \cdot x$ |
| $K_{var}^{Benzin} = 0,1125\dfrac{€}{km} \cdot 20.000\,km = 2.250\,€$ | $K_{var}^{Autogas} = 0,0715\dfrac{€}{km} \cdot 20.000\,km = 1.430\,€$ |
| Gesamte variable Kosten<br><br>= 2.250 € | Gesamte variable Kosten<br><br>= 1.430 € |
| Kosten = 7.385 € | Kosten = 7.170 € |

Die jährlichen Kosten sind bei der Umrüstung auf Autogas günstiger. Der Kostenvorteil beträgt pro Jahr 215 €. Bei der angegebenen Fahrleistung ist somit die Umrüstung auf Autogas zu empfehlen, so dass entsprechend der Aufgabenstellung die Kostenersparnisrentabilität nach der folgenden Formel ermittelt wird:

$$\text{Kostenersparnis-rentabilität} = \frac{\textit{durchschnittliche Kostenersparnis vor Zinsen}}{\textit{Zusätzlich durchschnittlich gebundenes Kapital}} \cdot 100$$

Zur Nutzung des ermittelten Kostenvorteils müssen höhere Anschaffungskosten aufgebracht werden. Die dadurch eintretende durchschnittlich zusätzliche Kapitalbindung erbringt über die dann eintretende Kostenersparnis die entsprechende Verzinsung. In den Gesamtkosten sind jedoch die Zinsen enthalten. Um die gesamte Verzinsung zu ermitteln, muss der Kostenvorteil um die Zinsen bereinigt werden.

| Benzin | Autogas |
|--------|---------|
| Gesamtkosten ohne Zinsen<br><br>= 7.385 € - 735 €<br><br>= 6.650 € | Gesamtkosten ohne Zinsen<br><br>= 7.170 € - 840 €<br><br>= 6.330 € |

Daraus ergibt sich eine Kostenersparnis vor Zinsen in Höhe von 320 €.

Nun ist das zusätzlich durchschnittlich gebundene Kapital für das Fahrzeug mit der Autogasausstattung zu ermitteln.

| Benzin | Autogas |
|--------|---------|
| *Durchschnittlich gebundenes Kapital*<br><br>$= \dfrac{Anschaffungskosten}{2}$<br><br>$= \dfrac{21.000\,€}{2}$<br><br>$= 10.500\,€$ | *Durchschnittlich gebundenes Kapital*<br><br>$= \dfrac{Anschaffungskosten}{2}$<br><br>$= \dfrac{24.000\,€}{2}$<br><br>$= 12.000\,€$ |

Das zusätzlich durchschnittlich gebundene Kapital für das Fahrzeug mit der Autogasausstattung beträgt 1.500 €.

Nun kann die Kostenersparnisrentabilität ermittelt werden:

$$Kostenersparnisrentabilität = \frac{320 \text{ €}}{1.500 \text{ €}} \cdot 100$$

$$Kostenersparnisrentabilität = 21,33 \text{ \%}$$

Das zusätzlich durchschnittlich gebundene Kapital verzinst sich über die eintretende Kostenersparnis mit einem Zinssatz von 21,33 %.[25]

Die Höhe der Kostenersparnisrentabilität hängt entscheidend von der Nutzung ab. Je größer der Nutzungsumfang, desto größer ist die Kostenersparnis und umso größer ist die Kostenersparnisrentabilität.

Die Ermittlung der Kostenersparnisrentabilität ist auch mit Hilfe von *Microsoft Excel* möglich. Im grau unterlegten Datenbereich werden die gegebenen Werte eingetragen, im nicht schraffierten Datenbereich wird auf diese Eintragungen Bezug genommen und mit Formeln gearbeitet.

---

[25] Zur Verdeutlichung dieser „Verzinsung" möge man sich vereinfacht vorstellen, dass man doch das Fahrzeug ohne Umrüstung auf Autogas erwirbt und die nicht ausgegebenen 3.000 € für die Umrüstung für andere Zwecke verwendet, zum Beispiel das Geld fest anlegt oder in einem anderen Geschäftsfeld investiert. Zum Vergleich ist dann zu fragen, ob man bei der alternativen Möglichkeit auch eine Verzinsung in Höhe der Rentabilität der Kostenersparnis erlangen kann.

| | A | B | C |
|---|---|---|---|
| 1 | | Benzin | Autogas |
| 2 | Anschaffungskosten | 21000 | 24000 |
| 3 | Sonstige Fixkosten | 900 | 900 |
| 4 | Nutzungsdauer (Jahre) | 6 | 6 |
| 5 | Preis pro Liter | 1,25 | 0,65 |
| 6 | l/100 km | 9 | 11 |
| 7 | Fahrleistung / Jahr (km) | 20000 | |
| 8 | Zinssatz | 0,07 | |
| 9 | Fixkosten | | |
| 10 | Abschreibung | =B2/B4 | =C2/C4 |
| 11 | Zinsen | =B2/2*$B8 | =C2/2*$B8 |
| 12 | =A3 | =B3 | =C3 |
| 13 | Summe Fixkosten | =SUMME(B10:B12) | =SUMME(C10:C12) |
| 14 | Variable Kosten | | |
| 15 | Kraftstoff | =B5*B6/100*$B7 | =C5*C6/100*$B7 |
| 16 | Summe variable Kosten | =B15 | =C15 |
| 17 | Kosten gesamt | =B16+B13 | =C16+C13 |
| 18 | Kostenersparnis | =B17-C17 | |
| 19 | Kostenersparnis vor Zinsen | =(B17-B11)-(C17-C11) | |
| 20 | zusätzliche Kapitalbindung | =(C2-B2)/2 | |
| 21 | Kostenersparnisrentabilität | =B19/B20 | |

Es ergeben sich dann folgende Ergebnisse:

| | A | B | C |
|---|---|---|---|
| 1 | | Benzin | Autogas |
| 2 | Anschaffungskosten | 21.000,00 € | 24.000,00 € |
| 3 | Sonstige Fixkosten | 900,00 € | 900,00 € |
| 4 | Nutzungsdauer (Jahre) | 6 | 6 |
| 5 | Preis pro Liter | 1,25 € | 0,65 € |
| 6 | l/100 km | 9,00 | 11,00 |
| 7 | Fahrleistung / Jahr (km) | 20.000 | |
| 8 | Zinssatz | 7% | |
| 9 | Fixkosten | | |
| 10 | Abschreibung | 3.500,00 € | 4.000,00 € |
| 11 | Zinsen | 735,00 € | 840,00 € |
| 12 | Sonstige Fixkosten | 900,00 € | 900,00 € |
| 13 | Summe Fixkosten | 5.135,00 € | 5.740,00 € |
| 14 | Variable Kosten | | |
| 15 | Kraftstoff | 2.250,00 € | 1.430,00 € |
| 16 | Summe variable Kosten | 2.250,00 € | 1.430,00 € |
| 17 | Kosten gesamt | 7.385,00 € | 7.170,00 € |
| 18 | Kostenersparnis | 215,00 € | |
| 19 | Kostenersparnis vor Zinsen | 320,00 € | |
| 20 | zusätzliche Kapitalbindung | 1.500,00 € | |
| 21 | Kostenersparnisrentabilität | 21,33% | |

Veränderungen der Ausgangswerte lassen sich nun im schraffierten Datenbereich vornehmen.

Um eine Gegenüberstellung der ursprünglichen Eingabewerte und veränderten Werten zu haben, kann man in *Microsoft Excel* mit dem Szenario-Manager („Was-wäre-wenn-Analyse") zu arbeiten. So lässt sich zum Beispiel der Einfluss der Laufleistung auf die Kostenersparnisrentabilität mit Hilfe des Szenario-Managers sehr gut darstellen.

| Szenario-bericht | | Aktuelle Werte: | Veränderte Laufleistung |
|---|---|---|---|
| **Veränderbare Zellen:** | | | |
| | Fahrleistung / Jahr (km) | 20.000,00 | 40.000,00 |
| Ergebnis-zellen: | | | |
| | Kostenersparnis vor Zinsen | 320,00 | 1.140,00 |
| | Kostenersparnis-rentabilität | 21,33 % | 76,00 % |

So lässt sich in übersichtlicher Form darstellen, dass bei einer Fahrleistung von 40.000 km die Verzinsung des zusätzlichen gebundenen Kapitals bereits 76 % betragen würde.

# 6 Amortisationsrechnung

## 6.1 Grundlagen der Amortisationsrechnung

Die bisher betrachteten Verfahren sind einperiodische Verfahren, welche auf verschiedene Weise die Vorteilhaftigkeit von Investitionsalternativen darstellen. Die nun folgende Amortisationsrechnung[26] ist ein mehrperiodisches Verfahren der Wirtschaftlichkeitsrechnung, mit welchem der Zeitraum ermittelt wird, der notwendig ist, um die Ausgaben für die Anschaffung eines Anlagegutes durch die jährlich erzielten Überschüsse auszugleichen. Dieses Verfahren orientiert sich nicht am Vermögens- oder Gewinnstreben, sondern am Sicherheitsstreben. Die Amortisationsrechnung wird auch als Pay-off-Rechnung bezeichnet.

Die Pay-Off-Periode ist der Zeitraum, in dem es möglich ist, die Anschaffungsauszahlung wiederzugewinnen. Ist die vom Investor aufgrund seiner Risikoeinschätzung als zulässig angesehene Amortisationszeit (Soll-Amortisationszeit) länger als die Ist-Amortisationszeit, so ist die Investition als vorteilhaft zu betrachten.

Ein Mangel dieses Verfahrens ist durchaus darin zu sehen, dass die Soll-Amortisationszeit auf einer subjektiven Einschätzung des Investors beruht und häufig unter der wirtschaftlichen Nutzungsdauer liegt. Die Amortisationsrechnung ist kein eigenständiges Verfahren der Wirtschaftlichkeitsrechnung, sondern vielmehr als Ergänzung zu den bisher erläuterten Verfahren zu betrachten.

## 6.2 Amortisationsrechnungen bei Erweiterungsinvestitionen nach der Durchschnittsmethode

Zur Ermittlung der Pay-Off-Periode bei Erweiterungsinvestitionen wird mit folgender Formel gearbeitet:

---

[26] amortir (frz.) = tilgen; ammortizzare, ammortare (ital.) = tilgen

$$Amortisationszeit \; = \; \frac{Anschaffungswert}{Durchschnittlicher \; R\ddot{u}ckfluss \; pro \; Jahr}$$

Der Rückfluss kann zahlungsstromorientiert als Differenz der laufenden Einnahmen und der laufenden Ausgaben[27] ermittelt werden.

$R\ddot{u}ckfluss \; = Einnahmen \; - Ausgaben$

**Beispiel**:

Ein Unternehmen möchte die Sperrmüllentsorgung im Auftrag der Stadt A ausführen. Dafür ist die Anschaffung eines Fahrzeuges zu 80.000 € nötig. Die Nutzungsdauer des Fahrzeuges beträgt 10 Jahre. Pro Jahr rechnet das Unternehmen mit Ausgaben (z.B. für Personal, laufende Kosten für die Unterhaltung des Fahrzeuges) in Höhe von 50.000 €, die Einnahmen, die das Unternehmen von der Stadt A erhält, betragen pro Jahr 70.000 €. Wann hat sich die Anschaffung des Fahrzeuges amortisiert?

$R\ddot{u}ckfluss = 70.000 \; EUR - 50.000 \; EUR$

$\underline{R\ddot{u}ckfluss = 20.000 \; \text{€}}$

$$Amortisationszeit = \frac{80.000 \; EUR}{20.000 \; EUR}$$

$\underline{Amortisationszeit = 4 \; (Jahre^{28})}$

---

[27] Ohne Anschaffungsausgabe und eventuell anfallende Verkaufserlöse

[28] Die Einheit Jahre für die Amortisationszeit ergibt sich aus folgender Formel

$$Amortisationszeit = \frac{Anschaffungswert(EUR)}{durchschnittlicher \; R\ddot{u}ckfluss(EUR) \; pro \; Jahr} = \frac{[EUR]}{[EUR]/[Jahr]} = \frac{[EUR \cdot Jahr]}{[EUR]} = [Jahr]$$

Die Anschaffung des Fahrzeuges hat sich nach 4 Jahren amortisiert. Die Nutzungsdauer des Fahrzeuges ist 10 Jahre, demzufolge beträgt die Ist-Amortisationszeit – vorausgesetzt die Einnahmen und Ausgaben treten in der prognostizierten Höhe ein – 40 % der Nutzungsdauer. Hat der Unternehmer entsprechend seiner Risikoeinschätzung eine Amortisationszeit von 50 % der Nutzungsdauer angestrebt, wäre die Investition zu empfehlen, da die Ist-Amortisationszeit kleiner ist als die Soll-Amortisationszeit.

$$Amortisationszeit = \frac{Anschaffungswert}{Durchschnittlicher\ Rückfluss\ pro\ Jahr}$$

Neben der oben dargestellten Möglichkeit zur Ermittlung des Rückflusses kann dieser erfolgsorientiert als Summe des Gewinns und der Abschreibungen ermittelt werden.[29]

*Rückfluss = Gewinn + Abschreibungen*

Die Ermittlung der Amortisationszeit nach diesem Ansatz wird an dem Beispiel ausgeführt, welches auch in der Rentabilitätsrechnung betrachtet wurde.

**Beispiel:**

| | |
|---|---|
| Anschaffungskosten der Schwebeseilbahn | 1,5 Mio. € |
| Nutzungsdauer | 15 Jahre |
| laufenden Betriebskosten | 200.000 € |
| Zinsen | 75.000 € |
| Erlöse | 500.000 € |

---

[29] Der Rückfluss kann auch als Cash flow bezeichnet werden. Zur Ermittlung des Cash flow werden alle im Zusammenhang mit der laufenden Geschäftstätigkeit stehenden zahlungswirksamen von den zahlungswirksamen Erträgen subtrahiert. In der einfachsten Form ergibt sich der Cash flow wie folgt:
  Bilanzgewinn
+ Abschreibungen / - Zuschreibungen
+ Zunahme der langfristigen Rückstellungen / - Abnahme der langfristigen Rückstellungen

Daraus ergibt sich folgende Gewinn- und Verlustrechnung:

| Aufwand | GuV | | Ertrag |
|---|---|---|---|
| Abschreibung | 100.000 € | Umsatzerlöse | 500.000 € |
| Betriebs- und | | | |
| Wartungskosten | 200.000 € | | |
| Zinsen | 75.000 € | | |
| Gewinn | 125.000 € | | |
| | 500.000 € | | 500.000 € |

Der Rückfluss ergibt sich aus der Summe von Gewinn und Abschreibungen und beträgt somit 225.000 €. Die Amortisationszeit wird ermittelt nach der Formel:

$$Amortisationszeit = \frac{Anschaffungswert}{Durchschnittlicher\ Rückfluss\ pro\ Jahr}$$

$$Amortisationszeit = \frac{1.500.000\ EUR}{225.000\ EUR}$$

$$\underline{Amortisationszeit = 6,67\ Jahre}$$

Zum gleichen Ergebnis kommt man auch, wenn man den Rückfluss über eine Einnahmeüberschussrechnung ermittelt.

Die in der Gewinn- und Verlustrechnung aufgeführte Abschreibung ist ein Güterverzehr und somit ein Aufwand, sie ist aber nicht mit einem Abfluss von liquiden Mitteln verbunden und ist damit keine Ausgabe.[30] Die Fremdkapitalzinsen[31] und die Ausga-

---

[30] In der Einnahmeüberschussrechnung zur Rentabilitätsrechnung sind alle durchschnittlichen Einnahmen und Ausgaben gegenübergestellt. So erscheint in der dort aufgeführten Einnahmeüberschussrechnung als Ausgabe auch die durch-

ben für Betriebs- und Wartungskosten stellen sowohl einen Aufwand als auch eine Ausgabe dar und erscheinen somit in der Einnahmeüberschussrechnung.

| Ausgaben | | Einnahmeüberschuss | Einnahmen |
|---|---|---|---|
| Zinsen | 75.000 € | Einnahmen aus Umsatzerlöse | |
| Ausgaben für Betriebs- und Wartungskosten | 200.000 € | | 500.000 € |
| Einnahmeüberschuss | 225.000 € | | |
| | 500.000 € | | 500.000 € |

Durchschnittlich nimmt das Geldvermögen pro Jahr um 500.000 € durch die Umsatzerlöse zu. Davon fließen durchschnittlich 200.000 € für den Betrieb und die Wartung der Seilbahn ab und 75.000 € an Zinsen ab. Somit verbleibt jährlich ein Überschuss der Einnahmen gegenüber den Ausgaben von 225.000 €.

---

schnittliche Anschaffungsausgabe. In der Einnahmeüberschussrechnung in der Amortisationsrechnung erscheint dieser Betrag nicht, da für die Ermittlung des Amortisationszeitpunktes nur die laufenden Ausgaben (damit ohne Anschaffungsausgabe) und die laufenden Einnahmen für die Wiedergewinnung der Anschaffungsausgabe betrachtet werden.

[31] Anders stellt es sich jedoch mit den verloren gegangenen Eigenkapitalzinsen dar, denn diese sind weder Aufwand noch Ausgabe und brauchen somit nicht berücksichtigt werden. Andererseits haben die fehlenden Einnahmen den gleichen Effekt wie eine Ausgabe. Für Investitionen ist es außerdem oft schwer, zwischen Eigen- und Fremdkapitalzinsen zu differenzieren, insbesondere dann, wenn ein Kredit nicht direkt für die Finanzierung der Anschaffungskosten aufgenommen wird. Diese beiden Aspekte sprechen dafür, dass die Zinsen Berücksichtigung finden, unabhängig davon, ob sich um Eigenkapitalzinsen oder Fremdkapitalzinsen handelt.

Sowohl die zahlungsstromorientierte als auch die erfolgsorientierte Ermittlung des Rückflusses führen zu einem durchschnittlichen Rückfluss von 225.000 €.

## 6.3 Amortisationsrechnungen bei Erweiterungsinvestitionen nach der Kumulationsmethode

Wird während der Nutzungsdauer mit sehr unterschiedlichen Rückflüssen gerechnet, kann die Durchschnittsmethode ein ungenaues Bild abgeben. Der Amortisationszeitpunkt sollte dann nach der Kumulationsmethode ermittelt werden, bei welcher mit den genauen jährlichen Einnahmen und Ausgaben gerechnet wird.

**Beispiel:**

Es soll eine Anlage angeschafft werden. Für die Nutzungsdauer der Anlage wird mit folgenden Zahlungsströmen gerechnet:

|  | 0 | 1 | 2 | 3 | 4 | 5 |
|---|---|---|---|---|---|---|
| Ausgaben (€) | 200.000 | 40.000 | 40.000 | 80.000 | 50.000 | 50.000 |
| Einnahmen (€) |  | 100.000 | 110.000 | 120.000 | 130.000 | 140.000 |

Es soll nun ermittelt werden, wann sich die Anschaffungsausgabe in Höhe von 200.000 € amortisieren wird.

Dazu werden zunächst die jährlichen Rückflüsse ermittelt:

|  | 1 | 2 | 3 | 4 | 5 |
|---|---|---|---|---|---|
| Rückfluss | 60.000 | 70.000 | 40.000 | 80.000 | 90.000 |

Die jährlichen Rückflüsse werden nun addiert. Der Amortisationszeitpunkt ist dann erreicht, wenn die kumulierten Rückflüsse die Höhe der Anschaffungsausgabe erreicht haben.

|  | 1 | 2 | 3 | 4 | 5 |
|---|---|---|---|---|---|
| Kumulierter Rückfluss | 60.000 | 130.000 | 170.000 | 250.000 | 340.000 |

Ende des 3. Jahres haben die Rückflüsse eine Summe von 170.000 € erreicht. Es fehlen noch 30.000 € an der Amortisation der Anschaffungsausgabe. Im 4. Nutzungsjahr beträgt der Rückfluss 80.000 €. Geht man davon aus, dass im 4. Jahr die Rückflüsse linear eintreten, so würde man 4,5 Monate[32] benötigen zum Erhalt der noch fehlenden 30.000 €. Der Amortisationszeitpunkt wäre nach der Kumulationsmethode nach 3 Jahren und 4,5 Monaten erreicht.

Die Ermittlung des Amortisationszeitpunktes kann auch grafisch vorgenommen werden.

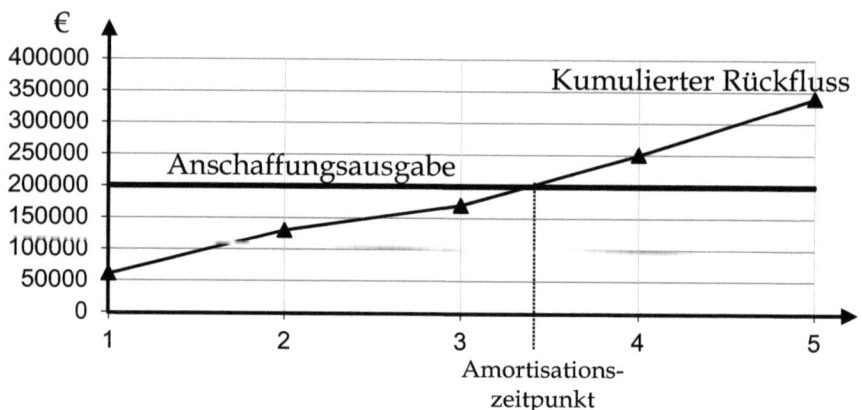

**Abbildung 11: Grafische Ermittlung des Amortisationszeitpunktes der Anschaffungsausgabe nach der Kumulationsmethode**

In diesem Beispiel weichen die tatsächlichen Rückflüsse zum Teil erheblich vom durchschnittlichen Rückfluss ab. Würde man bei einer solchen Ausgangssituation dennoch mit der Durch-

---

[32]
$$\frac{80.000}{12} = \frac{30.000}{x}$$

$$x = \frac{30.000}{80.000} \cdot 12 = 4,5$$

schnittsmethode arbeiten, würden die nach beiden Methoden ermittelten Amortisationszeitpunkte voneinander abweichen.

Im oben genannten Beispiel hat man einen durchschnittlichen Rückfluss in Höhe von 68.000 €.[33] Nach der Durchschnittsmethode ergibt sich somit ein Amortisationszeitpunkt in Höhe von 2,94 Jahren[34] und damit eine deutlich kürzere Pay-Off-Periode als nach der Kumulationsmethode.

Bei nicht konstanten Rückflüssen ist zur Erlangung einer größeren Genauigkeit für die Ermittlung des Amortisationszeitpunktes die Kumulationsmethode zu empfehlen.

## 6.4 Ermittlung des Amortisationszeitpunktes der Anschaffungsmehrausgabe nach der Durchschnittsmethode

In der öffentlichen Verwaltung spielt die Erlangung von Rückflüssen aus einer Investition größtenteils keine Rolle, da die Investitionen für eine Gewährleistung der Aufgabenerfüllung und nicht zur Erzielung von Einkünften getätigt werden.

Eine Aufgabenerfüllung ist technisch mit verschiedenen Lösungen möglich. Wie bereits in der Kostenvergleichsrechnung gezeigt, ist dabei die Investition mit den niedrigsten Anschaffungskosten nicht unbedingt die kostengünstigste Lösung. Eine Entscheidung zugunsten der kostengünstigsten Investition, die jedoch im Vergleich zu anderen Alternativen höhere Anschaffungskosten hat, kann –wie bereits gezeigt– mit der Rentabilitätsrechnung begründet werden. Ein weiteres Argument liefert die Amortisationsrechnung, mit der gezeigt wird, wann die zusätzliche Anschaffungsausgabe durch die eintretende Kostenersparnis vor Abschreibungen zurückgeflossen ist.

---

[33] $durchschnittlicher\ Rückfluss = \dfrac{60.000 + 70.000 + 40.000 + 80.000 + 90.000}{5} = 68.000$

[34] $Amortisationszeitpunkt = \dfrac{200.000}{68.000} = 2,94$

$$Amortisationszeit = \frac{Anschaffungsmehrausgabe}{durchschnittliche\ Kostenersparnis + zusätzliche\ Abschreibung}$$

Zur Erläuterung sei auf das bei der Kostenersparnisrentabilität bearbeitete Beispiel verwiesen. Folgende Angaben zur Anschaffung eines Dienst-PKW sind bekannt:

Fahrleistung pro Jahr:                                    20.000 km
kalkulatorischer Zinssatz:                               7 %.
Nutzungsdauer:                                           6 Jahre
Anschaffungskosten:                                      21.000 €
Steuern und Versicherung pro Jahr:                       900 €

Ausstattung Benzinmotor
durchschnittlicher Kraftstoffverbrauch:  9 Liter je 100 km
Preis je Liter Benzin:                                   1,25 €

Umrüstung auf Autogas
Aufpreis:                                                3.000 €.
Preis je Liter Autogas:                                  0,65 €
durchschnittlicher Kraftstoffverbrauch:  11 Liter je 100 km.

Wann hat sich die Mehrausgabe für die Umrüstung auf Autogas über die Kostenersparnis amortisiert?

| Benzin | Autogas |
|---|---|
| $Abschreibung = \dfrac{21.000}{6} = 3.500\ €$ | $Abschreibung = \dfrac{24.000}{6} = 4.000\ €$ |
| $Zinsen = \dfrac{21.000}{2} \cdot 0{,}07 = 735\ €$ | $Zinsen = \dfrac{24.000}{2} \cdot 0{,}07 = 840\ €$ |
| *Sonstige Fixkosten* = 900 € | *Sonstige Fixkosten* = 900 € |
| **Gesamte Fixkosten = 5.135 €** | **Gesamte Fixkosten = 5.740 €** |
| $k_{\text{var}}^{Benzin} = \dfrac{9\,l}{100\,km} \cdot 1{,}25\dfrac{€}{l} \cdot = 0{,}1125\dfrac{€}{km}$ | $k_{\text{var}}^{Autogas} = \dfrac{11\,l}{100\,km} \cdot 0{,}65\dfrac{€}{l} \cdot = 0{,}0715\dfrac{€}{km}$ |
| x = 20.000 km | |
| $K_{\text{var}}^{Benzin} = k_{\text{var}}^{Benzin} \cdot x$ <br><br> $K_{\text{var}}^{Benzin} = 0{,}1125\dfrac{€}{km} \cdot 20.000\,km = 2.250\ €$ | $K_{\text{var}}^{Autogas} = k_{\text{var}}^{Autogas} \cdot x$ <br><br> $K_{\text{var}}^{Autogas} = 0{,}0715\dfrac{€}{km} \cdot 20.000\,km = 1.430\ €$ |
| **Gesamte variable Kosten 2.250 €** | **Gesamte variable Kosten 1.430 €** |
| **Gesamtkosten = 7.385 €** | **Gesamtkosten = 7.170 €** |

Bei der Umrüstung auf Autogas beträgt der Kostenvorteil pro Jahr 215 €. In den oben dargestellten Gesamtkosten sind in den Fixkosten die zusätzlichen Abschreibungen für die Autogasanlage enthalten. Es geht hier ja aber gerade um die Wiedergewinnung der Anschaffungsausgabe, so dass die zusätzliche Abschreibung (hier in Höhe von 500 €) der Kostenersparnis zugerechnet wird.

$$Amortisati\,onszeit = \frac{3.000}{215 + 500} = 4,2$$

Nach 4,2 Jahren hat sich somit die Anschaffungsmehrausgabe amortisiert.

Die Amortisationszeit kann auch über die Ersparnis der laufenden Ausgaben ermittelt werden.

$$Amortisati\,onszeit = \frac{Anschaffun\,gsmehrausg\,abe}{durchschni\,ttliche\ Ersparnis\ der\ laufenden\ Ausgaben}$$

Für das dargestellte Beispiel ergeben sich folgenden Ausgaben bei beiden Alternativen

| Ausgaben Benzin | Ausgaben Autogas |
|---|---|
| $Zinsen = \frac{21.000}{2} \cdot 0,07 = 735\,€$ [35] | $Zinsen = \frac{24.000}{2} \cdot 0,07 = 840\,€$ |
| Sonstige Ausgaben = 900 € | Sonstige Ausgaben = 900 € |

---

[35] Es wird vereinfachend angenommen, dass eine vollständige Fremdfinanzierung vorliegt und die Zinsen eine Ausgabe darstellen.

| Ausgaben für Kraftstoff | Ausgaben für Kraftstoff |
|---|---|
| $k_{var}^{Benzin} = \dfrac{9\,l}{100\,km} \cdot 1{,}25\dfrac{€}{l} \cdot = 0{,}1125\dfrac{€}{km}$ | $k_{var}^{Autogas} = \dfrac{11\,l}{100\,km} \cdot 0{,}65\dfrac{€}{l} \cdot = 0{,}0715\dfrac{€}{km}$ |

$$x = 20.000 \text{ km}$$

| | |
|---|---|
| $K_{var}^{Benzin} = k_{var}^{Benzin} \cdot x$ | $K_{var}^{Autogas} = k_{var}^{Autogas} \cdot x$ |
| $K_{var}^{Benzin} = 0{,}1125\dfrac{€}{km} \cdot 20.000\,km = 2.250\,€$ | $K_{var}^{Autogas} = 0{,}0715\dfrac{€}{km} \cdot 20.000\,km = 1.430\,€$ |
| **Gesamte Ausgaben = 3.885 €** | **Gesamte Ausgaben = 3.170 €** |

Die Ersparnis der laufenden Ausgaben beträgt 715 € nach der Umrüstung auf Autogas.

Die Amortisationszeit ergibt sich nach der Formel

$$Amortisationszeit = \frac{Anschaffungsmehrausgabe}{durchschnittliche\ Ersparnis\ der\ laufenden\ Ausgaben}$$

$$Amortisationszeit = \frac{3.000}{715} = 4{,}2$$

Somit hat man auch hier das Ergebnis, dass sich die Anschaffungsmehrausgabe nach 4,2 Jahren amortisiert hat.

## 6.5 Ermittlung des Amortisationszeitpunktes der Anschaffungsmehrausgabe nach der Kumulationsmethode

Sollten die Ausgabenersparnis bzw. die Kostenersparnis vor Abschreibung in den Nutzungsperioden sehr unterschiedlich sein, so empfiehlt sich die Anwendung der Kumulationsmethode. Hier wird die Kostenersparnis vor Abschreibung bzw. die Ausgabenersparnis addiert, bis die ermittelte Summe die Höhe der Anschaffungsmehrausgabe erreicht hat.

**Beispiel:**

Ein soll ein neuer Spielplatz errichtet werden. Es liegen zwei Angebote für die aufzubauenden Spielgeräte vor. Es könnten korrosionsbeständige und wartungsfreie Spielgeräte für 35.000 € angeschafft werden. Die Pflege der Spielgeräte sowie der Spielanlage wie z.B. Rabattenbepflanzung, Austausch des Sandes usw. würde durch den Eigenbetrieb Kommunalservice übernommen werden. Pro Jahr würde die Stadtverwaltung im Verlauf der Nutzungsdauer von 10 Jahren eine Ausgabe von 1.000 € einplanen.

Für die gleiche Altersklasse könnten Spielgeräte aus Holz aufgebaut werden. Die Anschaffungskosten dieser Spielgeräte würden 29.000 € betragen. Der verwendete Rohstoff ist allerdings sehr pflegeintensiv, so dass man davon ausgeht, dass für die Wartung der Spielgeräte und die Pflege der Spielanlage folgende Ausgaben erfolgen würden:

| Nutzungsjahr | Ausgaben (€) |
|:---:|:---:|
| 1 | 4.000 |
| 2 | 4.000 |
| 3 | 1.000 |
| 4 | 6.000 |
| 5 | 1.000 |

| 6 | 1.000 |
|---|---|
| 7 | 5.000 |
| 8 | 3.000 |
| 9 | 1.000 |
| 10 | 500 |

Wann hat sich die Mehrausgabe für die Anschaffung der wartungsfreien Spielgeräte über die Ersparnis der laufenden Ausgaben amortisiert?

| Nutzungsjahr | Laufende Ausgaben bei Spielgeräten aus Holz (€) | Laufende Ausgaben bei wartungsfreien Spielgeräten (€) | Ersparnis der laufenden Ausgaben bei Anschaffung der wartungsfreien Spielgeräte (€) | Kumulierte Ersparnis der laufenden Ausgaben (€) |
|---|---|---|---|---|
| 1 | 4.000 | 1.000 | 3.000 | 3.000 |
| 2 | 4.000 | 1.000 | 3.000 | 6.000 |
| 3 | 1.000 | 1.000 | 0 | 6.000 |
| 4 | 6.000 | 1.000 | 5.000 | 11.000 |
| 5 | 1.000 | 1.000 | 0 | 11.000 |
| 6 | 1.000 | 1.000 | 0 | 11.000 |
| 7 | 5.000 | 1.000 | 4.000 | 15.000 |
| 8 | 3.000 | 1.000 | 2.000 | 17.000 |
| 9 | 1.000 | 1.000 | 0 | 17.000 |
| 10 | 500 | 1.000 | -500 | 16.500 |

Die Mehrausgabe für die Anschaffung der wartungsfreien Spielgeräte beträgt 6.000 €.

Nach 2 Jahren hat die kumulierte Ausgabenersparnis 6.000 € und damit genau die Höhe der Anschaffungsmehrausgabe erreicht. Der Amortisationszeitpunkt liegt somit bei 2 Jahren. Zu diesem Zeitpunkt sind die gesamten Ausgaben beider Investitionsalternativen gleich groß.

Sowohl für die Spielgeräte aus Holz sowie für die wartungsfreien Spielgeräte hätte man bis zum Ende des zweiten Nutzungsjahres für die Anschaffung und die Wartung 37.000 € ausgegeben. Wenn auch für die Anschaffung der wartungsfreien Spielgeräte eine größere Ausgabe getätigt werden muss, so wäre dieser Nachteil nach Ende des zweiten Nutzungsjahres aufgehoben.

In dem Beispiel bewegt sich die jährliche Ausgabenersparnis in der Spannweite von –500 € bis 5.000 €. Die durchschnittliche Ausgabenersparnis beträgt 1.650 €. Die Abweichungen der in jedem Jahr anfallenden Kostenersparnis zur durchschnittlichen Kostenersparnis sind beträchtlich. Würde man hier den Amortisationszeitpunkt mit der Durchschnittsmethode ermitteln, käme man zu einer Pay-Off-Periode von 3,63 Jahren. [36]

Sollten erhebliche Abweichungen zwischen der tatsächlichen Ausgabenersparnis und der durchschnittlichen Ausgabenersparnis bestehen, empfiehlt sich die Anwendung der Kumulationsmethode. Die unterschiedlichen Ergebnisse beider Verfahren werden in der folgenden Abbildung dargestellt.

---

[36] $Amortisationszeitpunkt = \dfrac{Anschaffungsmehrausgabe}{durchschnittliche\ Ausgabenersparnis} = \dfrac{6000}{1650} = 3{,}63$

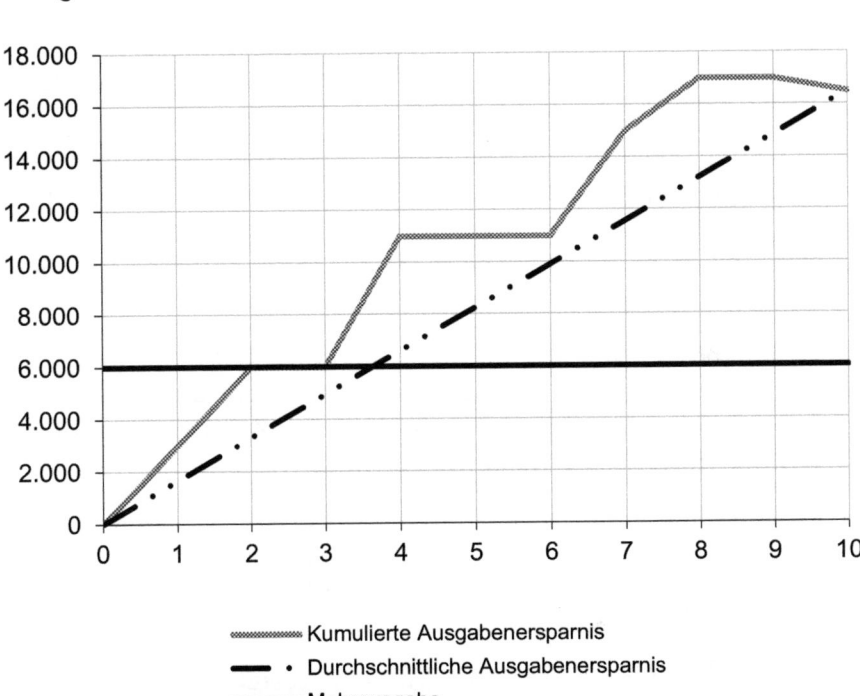

€

Kumulierte Ausgabenersparnis
Durchschnittliche Ausgabenersparnis
Mehrausgabe

**Abbildung 12: Grafische Ermittlung des Amortisationszeitpunktes der Anschaffungsmehrausgabe nach der Kumulationsme-thode und der Durchschnittsmethode**

# 7 Finanzmathematische Grundlagen

## 7.1 Merkmale der dynamischen Verfahren der Wirtschaftlichkeitsrechnung

Die bisher betrachteten Verfahren (Kostenvergleichsrechnung, Gewinnvergleichsrechnung, Rentabilitätsrechnung und Amortisationsrechnung) gehören zu den statischen Verfahren. Diese sind dadurch gekennzeichnet, dass der reale Wert von Zahlungen nicht durch den Zeitpunkt der Zahlung bestimmt wird.

Bei den dynamischen Verfahren hingegen können Zahlungen, die zu verschiedenen Zeitpunkten auftreten, nicht unmittelbar zusammengefasst werden, da der reale Wert der Zahlungen nicht mit dem nominalen Wert übereinstimmt.

Dazu möge sich der Leser folgendes Beispiel vorstellen: Nehmen Sie an, Sie erhalten jetzt eine Zahlung in Höhe von 10.000 €. Für dieses Geld kann man eine entsprechende Gütermenge im Wert von 10.000 € kaufen.

Wird einem heute lediglich in Aussicht gestellt, dass man in 10 Jahren 10.000 € erhält, kann man in 10 Jahren für 10.000 € aufgrund der Preissteigerung nicht mehr so viele Güter kaufen wie man sie hätte heute kaufen können. Vielleicht können oder wollen Sie auch nicht 10 Jahre warten, bis Sie das Geld erhalten, sondern bereits jetzt Güter kaufen.

Nehmen wir an, dass Sie jetzt und innerhalb der nächsten 10 Jahre nicht über liquide Mittel verfügen. Dann müssten Sie wohl oder übel einen Kredit aufnehmen, den Sie nach 10 Jahren einschließlich der Zinsen als Entgelt für die Bereitstellung zurückzahlen mit den zur Verfügung stehenden 10.000 €. Stellen sie sich vor, Sie bekommen ein solches endfälliges Darlehen einschließlich der Zinsstundung zu einem Zinssatz von 8 %.

Zur Ermittlung der zu zahlenden Zinsen müssten Sie die reale Zahlung in 10 Jahren mit Verwendung des Zinssatzes in Höhe von 8 % abzinsen. Es ergibt sich zum heutigen Zeitpunkt ein Auszahlungsbetrag des Kredites in Höhe von 4.631,93 €[37]. Nimmt man also über diesen Betrag einen Kredit auf, dann müssen nach 10 Jahren einschließlich aller Zinsen und Zinseszinsen bei einem Zinssatz von 8 % 10.000 € zurückgezahlt werden.

Die in 10 Jahren erwartete Zahlung in Höhe von 10.000 € entspricht bei einem Zinssatz von 8 % heute nur einem Wert von 4.631,93 €. An diesem Beispiel wird deutlich, dass man Zahlungen zu unterschiedlichen Zeitpunkten nicht zusammenfassen kann. Die Zusammenfassung von Zahlungen zu unterschiedlichen Zeitpunkten kann erst dann erfolgen, wenn man die künftigen Zahlungen auf den Gegenwartszeitpunkt abgezinst hat.

Bei den dynamischen Verfahren werden alle Einzahlungen und Auszahlungen, die mit einer Investition im Zusammenhang stehen, zeitpunktgenau betrachtet.

Im Folgenden werden nun die finanzmathematischen Grundlagen für die Arbeit mit den dynamischen Verfahren der Wirtschaftlichkeitsrechnung erläutert.

## 7.2 Aufzinsung einer einmaligen Zahlung

Die Aufzinsung einer einmaligen Zahlung möge sich der Leser an einer Finanzanlage vorstellen:

Zu Beginn des 1. Jahres (Zeitpunkt 0) wird ein Betrag in Höhe von 1.000 € angelegt. Dieser Betrag wird über eine Dauer von 5 Jahren zu einem Zinssatz von 4 % verzinst. Die Zinsen werden dem Guthaben zugeschrieben und ebenfalls verzinst. Es soll nun

---

[37] $K_0 = \dfrac{10.000}{1,08^{10}} = 4.631,93$

Die Rechnung wird in den folgenden Ausführungen noch erläutert.

das Guthaben dieser Geldanlage zum Ende des 5. Jahres ermittelt werden.

Das Guthaben am Ende des Anlagezeitraumes kann schrittweise ermittelt werden, indem man für jedes Jahr die Zinsen ermittelt. Die ermittelten Zinsen werden dem Guthaben zugerechnet, um das Guthaben zum jeweiligen Jahresende zu ermitteln.

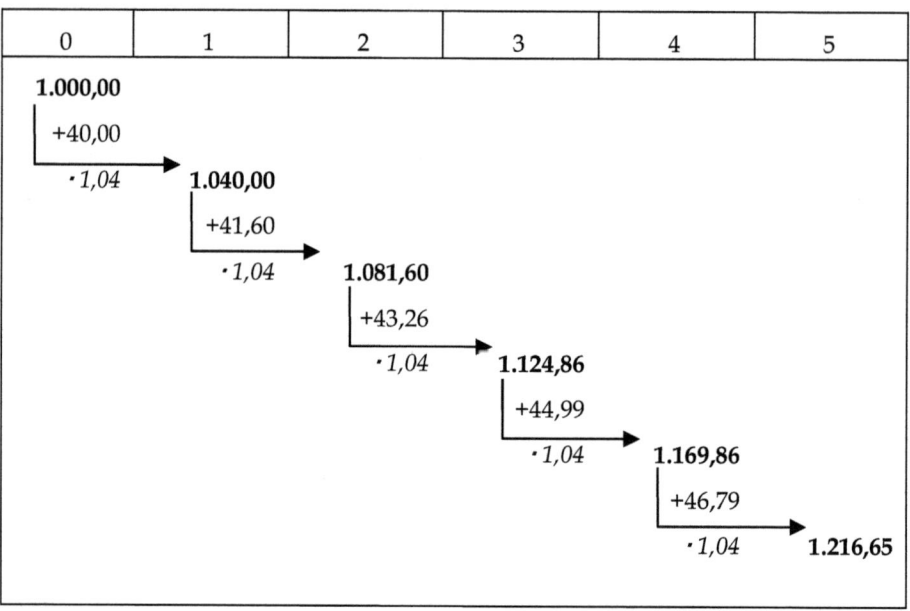

Das Guthabens zum jeweiligen Jahresende kann auch errechnet werden, indem das Guthaben zu Jahresbeginn mit dem Faktor (1+Zinssatz) bzw. (1+i) multipliziert wird.[38]

Auf die Ermittlung der Zwischenergebnisse kann man durchaus verzichten. Das Guthaben zum Ende des Anlagezeitraumes kann ermittelt werden, indem das Anfangskapital mit dem Faktor (1+i) entsprechend des Anlagezeitraumes multipliziert wird.

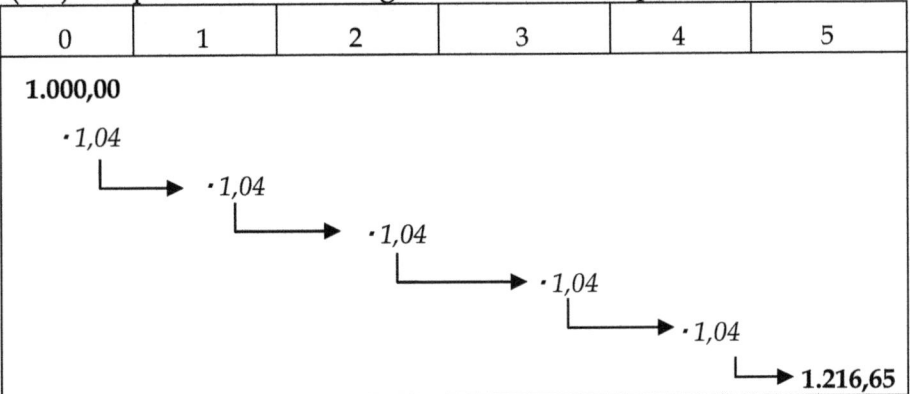

Das kann natürlich auch vereinfacht werden, indem das Anfangskapital mit dem Faktor $(1+i)^n$ multipliziert wird.

---

[38] Das Guthaben nach einem Jahr $K_1$ (einschließlich der Zinsen) ergibt sich aus dem Jahresanfangsguthaben $K_0$ und den Zinsen Z. Die Zinsen sind das Produkt aus dem zu verzinsenden Kapital und dem Zinssatz (i). Für die Ermittlung des Guthabens nach einem Jahr ergibt sich folgende Formel:

$$K_1 = K_0 + Z$$
$$Z = K_0 \cdot i$$
$$K_1 = K_0 + K_0 \cdot i$$
$$K_1 = K_0 \cdot (1+i)$$

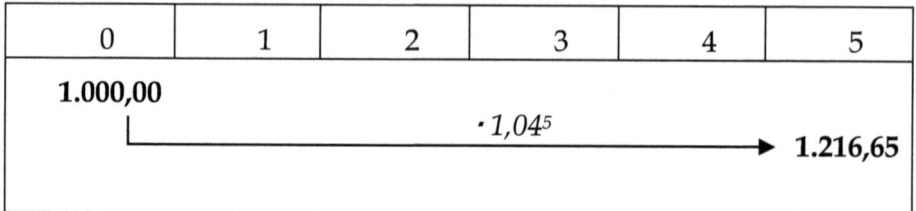

| 0 | 1 | 2 | 3 | 4 | 5 |
|---|---|---|---|---|---|
| 1.000,00 | | | $\cdot 1,04^5$ | | 1.216,65 |

Die Ermittlung des Endkapitals aus einer einmaligen Zahlung, die über n Jahre zum Zinssatz i verzinst wird, erfolgt nach folgender Formel:

*Endwert = Barwert · Aufzinsungsfaktor*

$$K_n = K_o \cdot (1+i)^n$$

n Jahre

$K_o$ ———————————→ $K_n$

| | |
|---|---|
| $K_n$ | Kapital am Ende des Jahres n |
| $K_0$ | Barwert (Kapital zu Beginn des ersten Jahres) |
| $i$ | Zinssatz |
| $n$ | Laufzeit |
| $(1+i)^n$ | Aufzinsungsfaktor |

Für das oben genannte Beispiel ergibt sich somit der Endwert folgendermaßen:

$$K_n = K_o \cdot (1+i)^n$$

$$K_n = 1.000 \cdot (1 + \frac{4}{100})^5$$

$$\underline{K_n = 1.216,65}$$

## 7.3 Abzinsung einer einmaligen Zahlung

Zur Ermittlung des Barwertes einer einmaligen Zahlung wird diese Zahlung mit dem Abzinsungsfaktor multipliziert.

*Barwert = Endwert · Abzinsungsfaktor*

$$K_0 = K_n \cdot \frac{1}{(1+i)^n}$$

n Jahre

| $K_0$ | ← ———————————————————— | $K_n$ |

| | |
|---|---|
| $K_n$ | Kapital am Ende des Jahres n |
| $K_0$ | Barwert (Kapital zu Beginn des ersten Jahres) |
| $i$ | Zinssatz |
| $n$ | Laufzeit |
| $\dfrac{1}{(1+i)^n}$ | Abzinsungsfaktor |

**Beispiel**:

Welcher Betrag muss zu Beginn des 1. Jahres angelegt werden, um Ende des 4. Jahres über ein Guthaben von 3.000 € zu verfügen, wenn die Verzinsung zu einem Zinssatz von 3 % erfolgt?

$$K_0 = K_n \cdot \frac{1}{(1+i)^n}$$

$$K_0 = 3.000 \cdot \frac{1}{(1+0,03)^4}$$

$$\underline{K_0 = 2.665,46}$$

Es müsste zu Beginn des 1. Jahres ein Betrag in Höhe von 2.665,46 € angelegt werden, um Ende des 4. Jahres bei einer Verzinsung mit einem Zinssatz von 3 % über ein Guthaben von 3.000 € zu verfügen.

## 7.4 Abzinsung von periodischen uniformen Zahlungen

Soll der Barwert von ununterbrochenen Zahlungen ermittelt werden, die mit gleichem Betrag regelmäßig vom Ende des 1. Jahres bis zum Ende des Jahres n auftreten, so ist die Höhe der Zahlung mit dem Rentenbarwertfaktor zu multiplizieren.

Eine aufeinanderfolgende Zahlung in gleicher Höhe wird auch als Annuität oder Rente bezeichnet. Den Barwert der Rente ermittelt man durch Multiplikation der Rente oder Annuität mit dem Rentenbarwertfaktor.

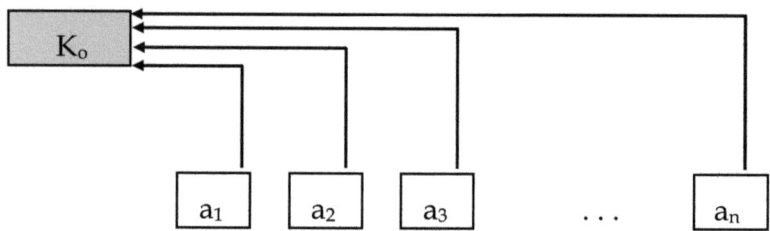

*Barwert = Annuität · Rentenbarwertfaktor*

$$K_0 = a \cdot \frac{(1+i)^n - 1}{(1+i)^n \cdot i}$$

| | |
|---|---|
| $a$ | Zahlung am Ende des Jahres n |
| $K_0$ | Barwert (Kapital zu Beginn des ersten Jahres) |
| $i$ | Zinssatz |
| $n$ | Laufzeit |

$$\frac{(1+i)^n - 1}{(1+i)^n \cdot i}$$ Rentenbarwertfaktor

**Beispiel:**

Die Stadt S möchte im Rahmen einer Städtepartnerschaft die Sozialküche der Partnerstadt P mit einer jährlichen Zahlung jeweils zum Jahresende in Höhe von 5.000 € für die Dauer von 4 Jahren unterstützen. Welcher Betrag müsste zu Beginn des 1. Jahres bereitgestellt werden, um unter Berücksichtigung eines Zinssatzes in Höhe von 6 % die Zahlungen ausführen zu können?

Der Barwert dieser Zahlungsreihe kann über eine Abzinsung der einzelnen Zahlungen vorgenommen werden.

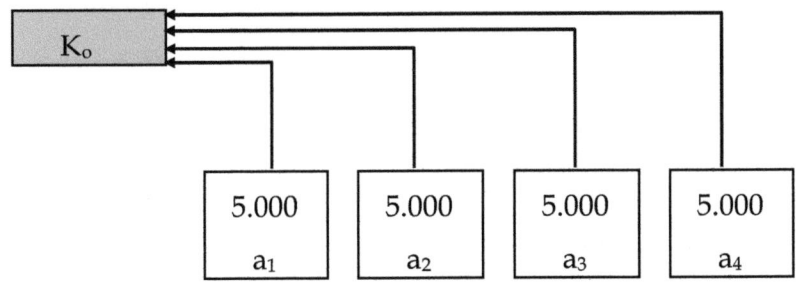

$$K_0 = \sum_{t=1}^{n} \frac{a_t}{(1+i)^t}$$

$$K_0 = \frac{a_1}{(1+i)^1} + \frac{a_2}{(1+i)^2} + \frac{a_3}{(1+i)^3} + \frac{a_4}{(1+i)^4}$$

$$K_0 = \frac{5.000}{(1+0,06)^1} + \frac{5.000}{(1+0,06)^2} + \frac{5.000}{(1+0,06)^3} + \frac{5.000}{(1+0,06)^4}$$

$$K_0 = 4.716,98 + 4.449,98 + 4.198,10 + 3.960,47$$

$$\underline{K_0 = 17.325,53}$$

Entsprechend der Aufgabenstellung sollen die Zahlungen hier periodisch erfolgen. Außerdem wird mit einem einheitlichen Zinssatz gearbeitet. Das ermöglicht folgende Vereinfachung:

$$K_0 = \frac{5.000}{(1+0,06)^1} + \frac{5.000}{(1+0,06)^2} + \frac{5.000}{(1+0,06)^3} + \frac{5.000}{(1+0,06)^4}$$

$$K_0 = 5000 \cdot \left( \frac{1}{1,06^1} + \frac{1}{1,06^2} + \frac{1}{1,06^3} + \frac{1}{1,06^4} \right)$$

Die Summe der Abzinsungsfaktoren[39] ist der Rentenbarwertfaktor $\dfrac{(1+i)^n - 1}{(1+i)^n \cdot i}$ .

$$K_0 = 5.000 \cdot \frac{(1+i)^n - 1}{(1+i)^n \cdot i}$$

$$K_0 = 5.000 \cdot \frac{(1+0,06)^4 - 1}{(1+0,06)^4 \cdot 0,06}$$

$$K_0 = 5.000 \cdot 3,46511$$

$$K_0 = 17.325,53$$

Die Abzinsung einer periodischen Zahlungsreihe mit einem gleichbleibenden Zinssatz kann mit Hilfe von *Microsoft Excel* über die Funktion „Barwert" (BW) vorgenommen werden. In eine Zelle wird dann die Formel

=BW*(Zinssatz; Zinszeitraum; Annuität)*

eingetragen. Für das Beispiel lautet der Zelleintrag:

| $f_x$ | =BW(0,06;4;-5000) |
|---|---|
| | A |
| 1 | =BW(0,06;4;-5000) |
| 2 | |
| 3 | |

Um die jeweils zum Jahresende vom 1. bis zum 4. Jahr auszu-führenden Zahlungen in Höhe von 5.000 € zu tätigen, müssten zu Beginn des 1. Jahres 17.325,53 €[40] bereitgestellt werden.

---

[39] Die Summe der Abzinsungsfaktoren ergibt sich aus der Partialsumme einer geometrischen Folge.
[40] Man beachte den Vorzeichenwechsel bei der Arbeit mit der Barwert-Funktion in *Microsoft Excel*. Zahlt man zu Beginn des 1. Jahres den Betrag von 17.325,53

## 7.5    Ermittlung der Annuität

Zur Ermittlung der Annuität wird der Barwert dieser Zahlungsreihe mit dem Annuitätenfaktor multipliziert.

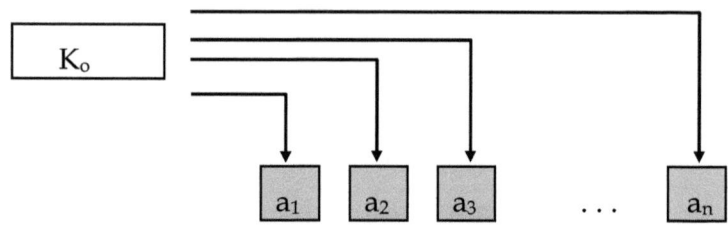

*Annuität = Barwert · Annuitätenfaktor*

$$a = K_o \cdot \frac{(1+i)^n \cdot i}{(1+i)^n - 1}$$

| | |
|---|---|
| $a$ | Zahlung am Ende des Jahres n |
| $K_0$ | Barwert (Kapital zu Beginn des ersten Jahres) |
| $i$ | Zinssatz |
| $n$ | Laufzeit |

$\dfrac{(1+i)^n \cdot i}{(1+i)^n - 1}$ Annuitätenfaktor

**Beispiel:**

Welchen gleichbleibenden Betrag kann man 4 Jahre jeweils zum
Jahresende abheben, wenn zu Beginn des 1. Jahres 10.000 € mit
einer Verzinsung zu 4 % angelegt werden?

---

€ auf einem Bankkonto ein (Einzahlung auf das Bankkonto [+]), kann man für 4
Jahre jeweils zum Jahresende eine Abhebung in Höhe von 5.000 € vornehmen
(Auszahlung vom Bankkonto[-]).

Ausgehend von der oben bereits genannten Formel

$$K_0 = \frac{a_1}{(1+i)^1} + \frac{a_2}{(1+i)^2} + \frac{a_3}{(1+i)^3} + \frac{a_4}{(1+i)^4}$$

werden die gegebenen Werte in die Formel eingesetzt.

$$10.000 = \frac{a_1}{(1+0,04)^1} + \frac{a_2}{(1+0,04)^2} + \frac{a_3}{(1+0,04)^3} + \frac{a_4}{(1+0,04)^4}$$

Da die Zahlungen uniform sein sollen, kann die Annuität ausgeklammert werden.

$$10.000 = a \cdot \left( \frac{1}{1,04^1} + \frac{1}{1,04^2} + \frac{1}{1,04^3} + \frac{1}{1,04^4} \right)$$

$$10.000 = a \cdot \left( \frac{1}{1,04} + \frac{1}{1,0816} + \frac{1}{1,1249} + \frac{1}{1,1699} \right)$$

$$10.000 = a \cdot (0,9615 + 0,9246 + 0,8890 + 0,8548)$$

$$10.000 = a \cdot 3,6299$$

$$a = \frac{10.000}{3,6299}$$

$$a = 2.754,90$$

Es kann hier auch mit dem Annuitätenfaktor gearbeitet werden. Ausgehend von der obigen Formel

$$10.000 = a \cdot \left( \frac{1}{1{,}04^1} + \frac{1}{1{,}04^2} + \frac{1}{1{,}04^3} + \frac{1}{1{,}04^4} \right)$$

wird diese im nächsten Schritt nach a aufgelöst.

$$a = 10.000 \cdot \frac{1}{\left( \dfrac{1}{1{,}04^1} + \dfrac{1}{1{,}04^2} + \dfrac{1}{1{,}04^3} + \dfrac{1}{1{,}04} \right)}$$

Allgemein gilt

$$a = K_0 \cdot \frac{1}{\displaystyle\sum_{t=1}^{n} \frac{1}{(1+i)^t}}$$

Das Reziproke der Summe der Abzinsungsfaktoren von $t=1$ bis $n$ ist der Annuitätenfaktor $\dfrac{(1+i)^n \cdot i}{(1+i)^n - 1}$.

Somit wird die Annuität ermittelt, indem das Anfangskapital mit dem Annuitätenfaktor multipliziert wird.

$$a = K_0 \cdot \frac{(1+i)^n \cdot i}{(1+i)^n - 1}$$

Für das Beispiel gilt somit:

$$a = 10.000 \cdot \frac{(1+0,04)^4 \cdot 0,04}{(1+0,04)^4 - 1}$$

$$a = 10.000 \cdot 0,275490$$

$$\underline{a = 2.754,90}$$

Wenn zu Beginn des 1. Jahres 10.000 € eingezahlt werden und die Verzinsung mit 4 % erfolgt, kann daraus für 4 Jahre jeweils zum Jahresende eine Auszahlung in Höhe von 2.754,90 € bedient werden.

Die Ermittlung der Annuität kann mit Hilfe von *Microsoft Excel* über die Funktion „Regelmäßige Zahlung" (RMZ) vorgenommen werden. In eine Zelle wird dann die Formel

=RMZ(*Zinssatz; Zinszeitraum; Barwert; Endwert, Fälligkeit*)

=RMZ(*Zins;Zzr;Bw;Zw;F*)

eingetragen. Die Angaben Zinssatz, Zinszeitraum und Barwert müssen zwingend gemacht werden.

Es sind der Zinssatz pro Periode und der dazugehörige Zinszeitraum anzugeben. Der Barwert ist der Betrag, den eine Reihe zukünftiger Zahlungen zum gegenwärtigen Zeitpunkt wert ist, es ist der heutige Anlagebetrag. Der Endwert ist der Wert, der nach der letzten Zahlung erreicht werden soll. Wird keine Eintragung für den Endwert vorgenommen, wird der Wert 0 (Null) angenommen.

Die Fälligkeit kann den Wert 0 oder 1 annehmen und gibt an, wann Zahlungen fällig sind, wobei die Fälligkeit 0 bedeutet, dass die Zahlungen zum Ende der Periode, hier zum Jahresende, erfolgen, bei Fälligkeit 1 sind die Zahlungen zum Anfang der Periode, hier zum Jahresanfang. Bei fehlender Eintragung für die Fälligkeit wird der Wert 0 (Null) angenommen.

Für das Beispiel lautet der Zelleintrag[41]:

| $f_x$ | =RMZ(0,04;4;-10000) |

| ⊿ | A |
|---|---|
| 1 | =RMZ(0,04;4;-10000) |
| 2 | |
| 3 | |

Das Ergebnis lautet 2.754,90.

Bei der Verwendung der RMZ-Funktion wird für die Fälligkeit automatisch das Jahresende unterstellt. Sollten die Zahlungen zum Jahresanfang erfolgen, ist der Eintrag 1 für die Fälligkeit erforderlich.

Sollte in dem Beispiel abweichend von der Aufgabenstellung davon ausgegangen werden, dass die Annuität jeweils zum Jahresanfang ausgezahlt werden soll, ergibt sich folgender Zelleintrag

| $f_x$ | =RMZ(0,04;4;-10000;0;1 |

| ⊿ | A |
|---|---|
| 1 | =RMZ(0,04;4;-10000;0;1) |
| 2 | |

---

[41] Man beachte auch hier bei der RMZ-Funktion den Vorzeichenwechsel. Zahlt man zu Beginn des 1. Jahres den Betrag von 10.000 € auf einem Bankkonto ein (Einzahlung auf das Bankkonto [+]), kann man für 4 Jahre jeweils zum Jahresende eine Abhebung in Höhe von 2.754,90 € vornehmen (Auszahlung vom Bankkonto[-]).

Das Ergebnis beträgt dann 2.648,94:

Der zinswirksame Zeitraum ist bei Zahlungen zum Jahresanfang kürzer als bei Zahlungen zum Jahresende, folglich ist die Annuität durch die kleineren Zinseinnahmen geringer.

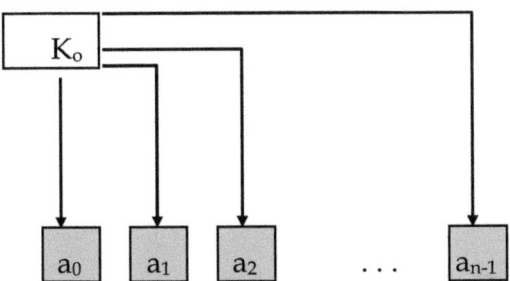

Es ist zu beachten, das bei Zahlungen zum Jahresanfang nicht mit dem Annuitätenfaktor gearbeitet werden kann, da dieser das Reziproke der Summe der Abzinsungsfaktoren von $t=1$ bis $n$ ist und somit immer das Jahresende als Fälligkeitszeitpunkt angenommen wird.

Desweiteren das Beispiel unter Berücksichtigung eines Endwertes verändert werden:

Welchen gleichbleibenden Betrag kann man 5 Jahre jeweils zum Jahresende abheben, wenn zu Beginn des 1. Jahres 10.000 € mit einer Verzinsung zu 4 % angelegt werden und zum Ende der Laufzeit noch ein Guthaben von 2.000 € vorhanden sein soll?

Der Zelleintrag lautet dann:

|   | A |
|---|---|
| 1 | =RMZ(0,04;4;-10000;2000) |

Das Ergebnis beträgt:

|   | A |
|---|---|
| 1 | 2.283,92 |

## 7.6    Aufzinsung von periodischen uniformen Zahlungen

Zur Ermittlung des Endwertes von wiederkehrenden gleichmäßigen Zahlungen kann die Höhe der Zahlung mit dem Endwertfaktor multipliziert werden.

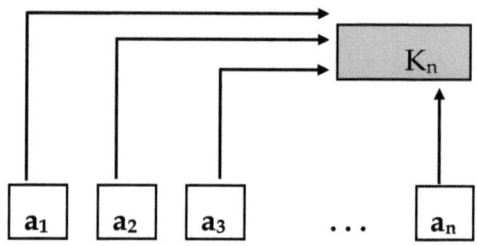

*Endwert = Annuität · Endwertfaktor*

$$K_n = a \cdot \frac{(1+i)^n - 1}{i}$$

$a$          Zahlung am Ende des Jahres n
$K_n$        Endwert (Kapital zum Ende des Jahres n)
$i$          Zinssatz
$n$          Laufzeit

$\dfrac{(1+i)^n - 1}{i}$ Endwertfaktor

**Beispiel:**

Welches Guthaben hat man auf einem Bankkonto Ende des 5. Jahres, wenn jeweils zum Jahresende vom 1. bis zum 5. Jahr 2.000 € eingezahlt werden und die Verzinsung mit einem Zinssatz von 4 % erfolgt?

Es kann die einzelne Zahlung mit dem Aufzinsungsfaktor entsprechend des Zinszeitraumes multipliziert werden.

$$K_n = a_1 \cdot (1+i)^{n-1} + a_2 \cdot (1+i)^{n-2} + ... + a_{n-1} \cdot (1+i)^{n-(n-1)} + a_n \cdot (1+i)^o$$

Es ist zu berücksichtigen, dass die erste Zahlung über einen Zeitraum von *n-1* Jahren verzinst wird, die letzte Zahlung wird unverzinst dem Guthaben zugerechnet.[42]

$$K_n = a_1 \cdot (1+i)^{n-1} + a_2 \cdot (1+i)^{n-2} + ... + a_{n-1} \cdot (1+i)^1 + a_n$$

Die erste Zahlung über 2.000 € erfolgt Ende des 1. Jahres und wird bis zum Ende des 5. Jahres über 4 Jahre verzinst. Die letzte Zahlung erfolgt Ende des 5. Jahres und wird somit unverzinst addiert.

$$K_n = 2.000 \cdot 1,04^4 + 2.000 \cdot 1,04^3 + 2.000 \cdot 1,04^2 + 2.000 \cdot 1,04 + 2.000$$

$$K_n = 2.339,71 + 2.249,73 + 2.163,20 + 2.080 + 2.000$$

$$\underline{K_n = 10.832,65}$$

Da hier der Einzahlungsbetrag konstant ist, kann folgende Vereinfachung vorgenommen werden:

$$K_n = 2.000 \cdot 1,04^4 + 2.000 \cdot 1,04^3 + 2.000 \cdot 1,04^2 + 2.000 \cdot 1,04 + 2.000$$

$$K_n = 2.000 \cdot (1,04^4 + 1,04^3 + 1,04^2 + 1,04 + 1)$$

Die Summe der Aufzinsungsfaktoren von *t=0* bis *n-1* ist der Endwertfaktor $\dfrac{(1+i)^n - 1}{i}$.

---

[42] Es sei darauf hingewiesen, dass $z^0 = 1$ für $z \neq 0$.

Somit kann für

$$K_n = 2.000 \cdot (1{,}04^4 + 1{,}04^3 + 1{,}04^2 + 1{,}04 + 1)$$

auch geschrieben werden:

$$K_n = 2.000 \cdot \frac{(1 + 0{,}04)^5 - 1}{0{,}04}$$

$$K_n = 2.000 \cdot 5{,}41632256$$

$$\underline{\underline{K_n = 10.832{,}65}}$$

Die Ermittlung des Endwertes kann mit Hilfe von *Microsoft Excel* über die Funktion „Zukünftiger Wert" (ZW) vorgenommen werden. In eine Zelle wird dann die Formel

=ZW*(Zinssatz; Zinszeitraum; Annuität; Barwert; Fälligkeit)*

=ZW*(Zins; Zzr; Rmz; Bw; F)*

eingetragen. Die Angaben Zinssatz, Zinszeitraum und Annuität sind obligatorisch.

Für das Beispiel lautet der Zelleintrag[43]:

|   | A |
|---|---|
| 1 | =ZW(0,04;5;-2000) |

Das Ergebnis lautet:

|   | A |
|---|---|
| 1 | 10.832,65 |

---

[43] Man beachte auch bei der ZW-Funktion den Vorzeichenwechsel. Zahlt man jeweils zum Ende des Jahres den Betrag von 2.000 € auf einem Bankkonto ein (Einzahlung auf das Bankkonto [+]), kann man Ende des 5. Jahres eine Abhebung in Höhe von 10.832,65 € vornehmen (Auszahlung vom Bankkonto[-]).

Wenn beginnend zum Ende des 1. Jahres bis zum Ende des 5. Jahres regelmäßig 2.000 € eingezahlt werden und die Verzinsung zu einem Zinssatz von 4 % erfolgt, stehen Ende des 5. Jahres 10.832,65 € zur Verfügung.

Neben den obligatorischen Eintragungen in die Funktion kann ergänzend zu den regelmäßigen Zahlungen mit einer einmaligen Zahlung zu Beginn des 1. Jahres gerechnet werden.

Wird ergänzend zu den regelmäßigen Zahlungen zum Jahresende in Höhe von 2.000 € zu Beginn des 1. Jahres ein Betrag von 10.000 € eingezahlt, ergibt sich folgender Zelleintrag

|   | A |
|---|---|
| 1 | =ZW(0,04;5;-2000;-10000) |

Ende des 5. Jahres beträgt das Guthaben

|   | A |
|---|---|
| 1 | 22.999,17 |

Ist die Fälligkeit der regelmäßigen Zahlung zum Jahresanfang gegeben, so wird die Funktion um den entsprechenden Eintrag ergänzt.

|   | A |
|---|---|
| 1 | =ZW(0,04;5;-2000;-10000;1) |

Der Endwert beträgt in diesem Fall 23.432,48 €. Dieses Ergebnis wird dann in der entsprechenden Zelle angezeigt.

|   | A |
|---|---|
| 1 | 23.432,48 |

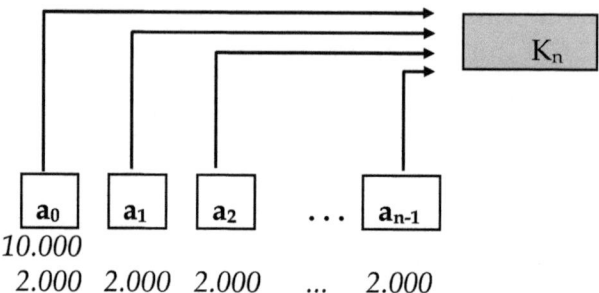

Da der Zinszeitraum der einzelnen Zahlungen bei Einzahlung zum Jahresanfang länger ist als bei Einzahlungen zum Jahresende, ergibt sich ein größerer Endwert als bei Zahlungen zum Jahresanfang.

## 7.7 Zusammenfassung der finanzmathematischen Grundlagen

| |
|---|
| **Aufzinsung einer einmaligen Zahlung** <br><br> *Endwert = Barwert · Aufzinsungsfaktor* <br><br> $$K_n = K_o \cdot (1+i)^n$$ |
| **Abzinsung einer einmaligen Zahlung** <br><br> *Barwert = Endwert · Abzinsungsfaktor* <br><br> $$K_0 = K_n \cdot \frac{1}{(1+i)^n}$$ |
| **Ermittlung des Barwertes von periodischen konstanten Zahlungen zum Jahresende** <br><br> *Barwert = Annuität · Rentenbarwertfaktor* <br><br> $$K_0 = a \cdot \frac{(1+i)^n - 1}{(1+i)^n \cdot i}$$ <br><br> *Microsoft Excel* <br> =BW*(Zinssatz; Zinszeitraum; Annuität)* |

**Ermittlung der Annuität**

*Annuität = Barwert · Annuitätenfaktor*

$$a = K_o \cdot \frac{(1+i)^n \cdot i}{(1+i)^n - 1}$$

*Microsoft Excel*

=RMZ*(Zinssatz; Zinszeitraum; Barwert; Endwert, Fälligkeit)*

**Ermittlung des Endwertes von periodischen konstanten Zahlungen zum Jahresende**

*Endwert = Annuität · Endwertfaktor*

$$K_n = a \cdot \frac{(1+i)^n - 1}{i}$$

*Microsoft Excel*

=ZW*(Zinssatz; Zinszeitraum; Annuität; Barwert; Fälligkeit)*

# 8    Kapitalwertmethode

Zur Ermittlung des Kapitalwertes werden alle Einzahlungen und Auszahlungen, die im Zusammenhang mit einer Investition stehen, erfasst. Dazu gehören die Anschaffungsausgabe bzw. die Ausgaben für die Herstellung eines Investitionsobjektes und die laufenden Ausgaben im Verlauf der Nutzungsdauer für z.B. Personal, Miete und Energie. Zu den Einnahmen gehören die laufenden Einnahmen sowie Einnahmen aus dem Verkauf der Anlage.

Die Einnahmen und Ausgaben müssen jeweils dem Zeitpunkt zugeordnet werden, zu dem sie auftreten. Die Kapitalwertmethode unterstellt, dass eine Zahlung einen umso geringeren Wert hat, je weiter sie in der Zukunft liegt, wie im vorangegangenen Kapitel erläutert wurde.

Die Differenz der laufenden Einnahmen und Ausgaben ist der Rückfluss. Wird die Differenz aller Einnahmen und Ausgaben (also unter Berücksichtigung der Anschaffungsausgabe sowie des erzielbaren Verkaufserlöses) einbezogen, spricht man vom Einnahmeüberschuss.

Die ermittelten Einnahmeüberschüsse werden unter Berücksichtigung des Zeitpunktes abgezinst.

Die Summe der abgezinsten Einnahmeüberschüsse ist der Kapitalwert.

Als Formel ausgedrückt, ist der Kapitalwert wie folgt zu beschreiben:

$$C_0 = \sum_{t=0}^{n} \frac{(E_t - A_t)}{(1+i)^t}$$

$C_0$   Kapitalwert
$t$   Zeitindex
$E_t$   Einzahlungen zum Zeitpunkt $t$
$A_t$   Auszahlungen zum Zeitpunkt $t$

Es kann auch die Anschaffungsausgabe ($A_0$) zum Zeitpunkt 0 als Summand vorangestellt werden.

$$C_0 = -A_0 + \sum_{t=1}^{n} \frac{(E_t - A_t)}{(1+i)^t}$$

Es wird unterstellt, dass die Anschaffungsausgabe zum Beginn des ersten Jahres und die weiteren Ein- und Auszahlungen zum Ende der jeweiligen Periode eintreten.

Die absolute Vorteilhaftigkeit ist gegeben, wenn der Kapitalwert einer Investition positiv ist.

Eine Investition ist relativ vorteilhaft, wenn der Kapitalwert beim Vergleich mehrerer Investitionsmöglichkeiten größer ist als bei den anderen Alternativen.

Für die Arbeit mit der Kapitalwertmethode werden einige Annahmen unterstellt. So muss ein bestimmter Betrachtungszeitraum vorliegen. Es wird eine Zurechenbarkeit der Zahlungen zu bestimmten Zeitpunkten angenommen. Darüber hinaus wird ein vollkommener Kapitalmarkt angenommen, das bedeutet, dass zu jedem Zeitpunkt Mittel in unbeschränkter Höhe aufgenommen oder angelegt werden können zu einem Zins in Höhe des Kalkulationszinssatzes. In der Realität existiert ein solcher Kapitalmarkt nicht, die Zinssätze für Kredite und Einlagen sind in der Regel unterschiedlich. Dennoch ist die Kapitalwertmethode als akzeptiertes Verfahren anzusehen. In der Wirtschaftlichkeitsrechnung in der öffentlichen Verwaltung ist die Kapitalwertmethode bei allen Maßnahmen mit nur geringer gesamtwirtschaftlichen Kosten und

Nutzen zu verwenden, es sei denn, es handelt sich um Maßnahmen mit nur geringer finanzielle Bedeutung.[44]

Die Kapitalwertmethode soll an folgendem Beispiel erläutert werden:

Ein Stadtteil soll durch Einrichtung einer neuen Buslinie besser an den öffentlichen Personen- und Nahverkehr angeschlossen werden. Dafür müsste ein neuer Bus angeschafft werden. Das erfordert eine Anschaffungsausgabe in Höhe von 350.000 €. Die Nutzungsdauer des Busses beträgt 9 Jahre. Für das Betrieben der Buslinie sowie die Wartung des Busses wird mit folgenden Ausgaben gerechnet:

| Nutzungsjahr | Ausgaben (€) |
|:---:|:---:|
| 1 | 140.000 |
| 2 | 140.000 |
| 3 | 200.000 |
| 4 | 150.000 |
| 5 | 150.000 |
| 6 | 150.000 |
| 7 | 150.000 |
| 8 | 200.000 |
| 9 | 150.000 |

Es wird mit jährlichen Einnahmen in Höhe von 210.000 € gerechnet.

---

[44] Vgl. VV-BHO § 7

Mit Hilfe der Kapitalwertmethode ist die Vorteilhaftigkeit dieser Investition zu überprüfen. Dafür werden zunächst die Einnahmeüberschüsse $E_t - A_t$ ermittelt:

| Zeitpunkt $t$ | Einnahmen $E_t$ (€) | Ausgaben $A_t$ (€) | Einnahmeüberschuss $E_t - A_t$ (€) |
|---|---|---|---|
| 0 | | 350.000 | -350.000 |
| 1 | 210.000 | 140.000 | 70.000 |
| 2 | 210.000 | 140.000 | 70.000 |
| 3 | 210.000 | 200.000 | 10.000 |
| 4 | 210.000 | 150.000 | 60.000 |
| 5 | 210.000 | 150.000 | 60.000 |
| 6 | 210.000 | 150.000 | 60.000 |
| 7 | 210.000 | 150.000 | 60.000 |
| 8 | 210.000 | 200.000 | 10.000 |
| 9 | 210.000 | 150.000 | 60.000 |

Im nächsten Schritt wird dann die Abzinsung der Einnahmeüberschüsse vorgenommen. Dafür wird der Einnahmeüberschuss mit dem Abzinsungsfaktor multipliziert bzw. durch den Aufzinsungsfaktor dividiert: 

$$\frac{E_t - A_t}{(1 + i)^t}$$

Hier soll mit einem Zinssatz in Höhe von 6 % gearbeitet werden.

| Zeitpunkt $t$ | Einnahmeüber-schuss $E_t$ - $A_t$ (€) | Barwert der Einnahme-überschüsse (€) $\dfrac{E_t - A_t}{(1+i)^t}$ |
|---|---|---|
| 0 | -350.000 | $\dfrac{-350.000}{1,06^0} = -350.000,00$ |
| 1 | 70.000 | $\dfrac{70.000}{1,06^1} = 66.037,74$ |
| 2 | 70.000 | $\dfrac{70.000}{1,06^2} = 62.299,75$ |
| 3 | 10.000 | $\dfrac{10.000}{1,06^3} = 8.396,19$ |
| 4 | 60.000 | $\dfrac{60.000}{1,06^4} = 47.525,62$ |
| 5 | 60.000 | $\dfrac{60.000}{1,06^5} = 44.835,49$ |
| 6 | 60.000 | $\dfrac{60.000}{1,06^6} = 42.297,63$ |
| 7 | 60.000 | $\dfrac{60.000}{1,06^7} = 39.903,43$ |
| 8 | 10.000 | $\dfrac{10.000}{1,06^8} = 6.274,12$ |
| 9 | 60.000 | $\dfrac{60.000}{1,06^9} = 35.513,91$ |

Abschließend wird zur Ermittlung des Kapitalwertes die Summe der Barwerte der Einnahmeüberschüsse $\sum_{t=0}^{n} \dfrac{(E_t - A_t)}{(1 + i)^t}$ errechnet. Diese beträgt hier 3.083,88 €.

Eine Investition ist zu empfehlen, wenn der Kapitalwert positiv ist. Das ist hier der Fall, so dass aus Sicht der Wirtschaftlichkeitsrechnung die Einrichtung der neuen Buslinie durchgeführt werden kann.

Der Kapitalwert kann mit Hilfe von *Microsoft Excel* wie folgt ermittelt werden:

Dazu werden die Einnahmen und Ausgaben in das Tabellenblatt eingetragen:

|  | A | B | C |
|---|---|---|---|
| **1** | Zeitpunkt | Einnahmen | Ausgaben |
| **2** | 0 |  | 350.000 |
| **3** | 1 | 210.000 | 140.000 |
| **4** | 2 | 210.000 | 140.000 |
| **5** | 3 | 210.000 | 200.000 |
| **6** | 4 | 210.000 | 150.000 |
| **7** | 5 | 210.000 | 150.000 |
| **8** | 6 | 210.000 | 150.000 |
| **9** | 7 | 210.000 | 150.000 |
| **10** | 8 | 210.000 | 200.000 |
| **11** | 9 | 210.000 | 150.000 |

Im Folgenden werden die Einnahmeüberschüsse ermittelt:

|  | A | B | C | D |
|---|---|---|---|---|
| 1 | Zeitpunkt | Einnahmen | Ausgaben | Einnahme-überschuss |
| 2 | 0 |  | 350.000 | =B2-C2 |
| 3 | 1 | 210.000 | 140.000 | =B3-C3 |
| 4 | 2 | 210.000 | 140.000 | =B4-C4 |
| 5 | 3 | 210.000 | 200.000 | =B5-C5 |
| 6 | 4 | 210.000 | 150.000 | =B6-C6 |
| 7 | 5 | 210.000 | 150.000 | =B7-C7 |
| 8 | 6 | 210.000 | 150.000 | =B8-C8 |
| 9 | 7 | 210.000 | 150.000 | =B9-C9 |
| 10 | 8 | 210.000 | 200.000 | =B10-C10 |
| 11 | 9 | 210.000 | 150.000 | =B11-C11 |

Es liegen hier regelmäßige Einnahmeüberschüsse, jedoch nicht mit einem konstanten Betrag vor. Die Abzinsung der Einnahmeüberschüsse vom Ende des 1. bis Ende des 9. Jahres kann über die Nettobarwertfunktion (NBW) erfolgen. Im Fall von konstanten Einnahmeüberschüssen kann auch mit der Barwertfunktion (BW) gearbeitet werden.

Diese Funktion liefert den Nettobarwert (Kapitalwert) einer Investition auf Basis eines Abzinsungsfaktors für eine Reihe periodischer Zahlungen.

= NBW(Zins;Wert1;Wert2; ...)

Der Zins ist der Abzinsungssatz für die Dauer einer Periode. Die Werte 1;2 ... entsprechen den Auszahlungen und den Einzahlungen zum jeweiligen Jahresende.

|   | A | B | C | D |
|---|---|---|---|---|
| 1 | Zeitpunkt | Einnahmen (€) | Ausgaben (€) | Einnahmeüberschuss (€) |
| 2 | 0 | | 350000 | -350.000 |
| 3 | 1 | 210.000 | 140.000 | 70.000 |
| 4 | 2 | 210.000 | 140.000 | 70.000 |
| 5 | 3 | 210.000 | 200.000 | 10.000 |
| 6 | 4 | 210.000 | 150.000 | 60.000 |
| 7 | 5 | 210.000 | 150.000 | 60.000 |
| 8 | 6 | 210.000 | 150.000 | 60.000 |
| 9 | 7 | 210.000 | 150.000 | 60.000 |
| 10 | 8 | 210.000 | 200.000 | 10.000 |
| 11 | 9 | 210.000 | 150.000 | 60.000 |

Hier liegt durch die vorangegangene Ermittlung der Einnahmeüberschüsse pro Jahr ein Wert vor. Auf diese Werte wird in der Funktion Bezug genommen:

|   | A |
|---|---|
| 2 | = NBW(0,06;D3;D4;D5;D6;D7;D8;D9;D10;D11) |

Anstelle der einzelnen Werte kann auch der zusammenhängende Zellbereich als ein Wert eingegeben werden.

| | A |
|---|---|
| 2 | =NBW(0,06;D3:D11) |

Es wird folgendes Ergebnis angezeigt:

| | A |
|---|---|
| 2 | 353.083,88 |

Dieser Wert stellt die Summe abgezinsten Einnahmeüberschüsse vom Ende des 1. bis zum Ende des 9. Jahres dar.

Um zum Kapitalwert zu gelangen, muss nun die Auszahlung zum Zeitpunkt 0 (die Anschaffungsausgabe) von dem oben dargestellten Ergebnis abgezogen werden:

| | A |
|---|---|
| 2 | =D2+NBW(0,06;D3:D11) |

Das nun angezeigte Ergebnis ist der Kapitalwert

| | A |
|---|---|
| 2 | 3.083,88 |

# 9 Annuitätenmethode

Als Annuität bezeichnet man eine regelmäßig fließende gleichbleibende Zahlung. Mit Hilfe der Annuitätenmethode wird unter Berücksichtigung der Zinseffekte ein durchschnittlicher Einnahmeüberschuss ermittelt.

Zur Ermittlung der Annuität werden die voraussichtlich eintretenden Einnahmen und Ausgaben jeweils dem Zeitpunkt zugeordnet, zu dem sie auftreten.

Eine Möglichkeit zur Ermittlung der Annuität ist, dass aus allen Einnahmen zunächst die Einnahmeannuität ermittelt wird. Dazu werden alle auftretenden Einnahmen auf den Gegenwartszeitpunkt abgezinst, so erhält man den Barwert der Einnahmen. Dieser Barwert wird durch Multiplikation mit dem Annuitätenfaktor aufgezinst, so dass man eine konstante regelmäßige Einnahme vom Ende des 1. Jahres bis zum Ende des Jahres n erhält. Zur Ermittlung der Ausgabeannuität wird in gleicher Weise vorgegangen. Die Annuität ergibt sich nun aus der Differenz von Einnahmeannuität und Ausgabeannuität.

Eine zweite Möglichkeit zur Ermittlung der Annuität geht vom Kapitalwert aus. Dazu wird zunächst der Kapitalwert aus den Einnahmen und Ausgaben ermittelt und dieser durch Multiplikation mit dem Annuitätenfaktor aufgezinst, um unter Berücksichtigung der Zinseszinseffekte zu einem durchschnittlichen Einnahmeüberschuss zu gelangen.

Zur Beurteilung der Vorteilhaftigkeit einer Investition mit Hilfe der Annuitätenmethode ist wie bei der Kapitalwertmethode vorzugehen. Die absolute Vorteilhaftigkeit ist gegeben, wenn die Annuität einer Investition positiv ist. Das bedeutet, dass man jedes Jahr zum Jahresende den ermittelten Betrag entnehmen könnte.

Eine Investition ist relativ vorteilhaft, wenn die Annuität beim Vergleich mehrerer Investitionsmöglichkeiten größer ist als bei den anderen Alternativen. Dieser Vergleich spielt gerade in der öffentlichen Verwaltung eine Rolle, da hier zur Aufgabenerfüllung Ausgaben getätigt werden müssen und man sich mit Hilfe der Annuitätenmethode für die Alternative entscheiden kann, die unter Berücksichtigung der Zins- und Zinseszinseffekte die niedrigere Ausgabeannuität aufweist.

Die Annuitätenmethode soll an folgendem Beispiel erläutert werden:

Zur Errichtung der Messehalle wird ein Grundstück für 10 Jahre gepachtet. Jeweils am Jahresanfang ist die Pacht in Höhe von 15.000 € zu zahlen. Die Leichtbauhalle wird zu Beginn des ersten Jahres zu Anschaffungskosten in Höhe von 250.000 € gekauft. Die Ausgabe für den Aufbau der Halle fällt ebenfalls zum Jahresanfang des ersten Jahres an und beträgt 25.000 €. Zum Ende des 10. Jahres sind für den Abbau der Halle voraussichtlich 3.000 € zu zahlen.

Die Messehalle soll für verschiedene Veranstaltungen genutzt werden. Zum Entscheidungszeitpunkt steht bereits fest, dass im dritten und achten Jahr der Nutzung nationale und internationale Ereignisse in dem Ort stattfinden werden, so dass es dann zu einer längeren Vermietung der Halle kommen wird. Es wird mit folgenden Einnahmen gerechnet:

| Nutzungsjahr | Einnahmen (€)[45] |
|:---:|:---:|
| 1 | 45.000 |
| 2 | 50.000 |
| 3 | 125.000 |
| 4 | 50.000 |
| 5 | 50.000 |
| 6 | 50.000 |
| 7 | 50.000 |
| 8 | 150.000 |
| 9 | 50.000 |
| 10 | 50.000 |

Zunächst soll nun die Einnahmeannuität ermittelt werden. Dazu werden alle Einnahmen zunächst auf den Gegenwartszeitpunkt abgezinst. Es soll hier ein Zinssatz von 5 % zugrunde gelegt werden.

---

[45] Vereinfachend wird angenommen, dass die Einnahmen zum Jahresende auftreten.

| Nutzungsjahr | Einnahmen (€) | Barwert der Einnahmen (€) |
|:---:|:---:|:---:|
| 1 | 45.000 | $\dfrac{45.000}{1,05^1} = 42.857,14$ |
| 2 | 50.000 | $\dfrac{50.000}{1,05^2} = 45.351,47$ |
| 3 | 125.000 | $\dfrac{125.000}{1,05^3} = 107.979,70$ |
| 4 | 50.000 | $\dfrac{50.000}{1,05^4} = 41.135,12$ |
| 5 | 50.000 | $\dfrac{50.000}{1,05^5} = 39.176,31$ |
| 6 | 50.000 | $\dfrac{50.000}{1,05^6} = 37.310,77$ |
| 7 | 50.000 | $\dfrac{50.000}{1,05^7} = 35.534,07$ |
| 8 | 150.000 | $\dfrac{150.000}{1,05^8} = 101.525,90$ |
| 9 | 50.000 | $\dfrac{50.000}{1,05^9} = 32.230.,45$ |
| 10 | 50.000 | $\dfrac{50.000}{1,05^{10}} = 30.695,66$ |

Die Summe der Barwerte der Einnahmen beträgt 513.796,60 €. Dieser Betrag wird durch Multiplikation mit dem Annuitätenfaktor so aufgezinst, dass man unter Berücksichtigung der Zinseszinseffekte eine gleichbleibende Einnahme vom Ende des 1. Jahres bis zum Ende des 10. Jahres erhält. Somit ergibt sich folgende Einnahmeannuität:

$$a_{Einnahme} = 513.796{,}60 \cdot \frac{(1+0{,}05)^{10} \cdot 0{,}05}{(1+0{,}05)^{10} - 1}$$

$$a_{Einnahme} = 513.796{,}60 \cdot 0{,}129505$$

$\underline{a_{Einnahme} = \mathit{66.539{,}01}}$

Die dargestellten Einnahmen entsprechen einer Einnahmeannuität in Höhe von 66.539,01 €.

In gleicher Weise wird nun die Ausgabeannuität ermittelt:

| Nutzungsjahr | Ausgaben (€) |
|---|---|
| 0 | 290.000 |
| 1 | 15.000 |
| 2 | 15.000 |
| 3 | 15.000 |
| 4 | 15.000 |
| 5 | 15.000 |
| 6 | 15.000 |
| 7 | 15.000 |
| 8 | 15.000 |
| 9 | 15.000 |
| 10 | 3.000 |

Für diese Ausgaben wird nun der Barwert der Ausgaben ermittelt und dann die Summe der Barwerte der Ausgaben errechnet:

| Nutzungsjahr | Ausgaben (€) | Barwert der Ausgaben (€) |
|---|---|---|
| 0 | 290.000 | $\dfrac{290.000}{1,05^0} = 290.000$ |
| 1 | 15.000 | $\dfrac{15.000}{1,05^1} = 14.285,71$ |
| 2 | 15.000 | $\dfrac{15.000}{1,05^2} = 13.605,44$ |
| 3 | 15.000 | $\dfrac{15.000}{1,05^3} = 12.957,56$ |
| 4 | 15.000 | $\dfrac{15.000}{1,05^4} = 12.340,54$ |
| 5 | 15.000 | $\dfrac{15.000}{1,05^5} = 11.752,89$ |
| 6 | 15.000 | $\dfrac{15.000}{1,05^6} = 11.193,23$ |
| 7 | 15.000 | $\dfrac{15.000}{1,05^7} = 10.660,22$ |
| 8 | 15.000 | $\dfrac{15.000}{1,05^8} = 10.152,59$ |
| 9 | 15.000 | $\dfrac{15.000}{1,05^9} = 9.669,13$ |
| 10 | 3.000 | $\dfrac{3.000}{1,05^{10}} = 1.841,74$ |

Die Summe der Barwerte der Ausgaben beträgt 398.459,06 €.

Daraus ergibt sich folgende Ausgabeannuität:

$$a_{Ausgabe} = 398.459,06 \cdot \frac{(1+0,05)^{10} \cdot 0,05}{(1+0,05)^{10} - 1}$$

$$a_{Ausgabe} = 398.459,06 \cdot 0,129505$$

$$\underline{a_{Ausgabe} = 51.602,27}$$

Die dargestellten Zahlungsströme entsprechen unter Berücksichtigung eines Zinssatzes von 5 % einer jährlichen Ausgabe vom Jahr 1 bis zum Jahr 10 in Höhe von 51.602,27 €. Die durchschnittliche jährliche Einnahme beträgt 66.539,01 €. Die Einnahmeannuität ist größer als die Ausgabeannuität. Es ergibt sich eine positive Annuität.

*Annuität = Einnahmeannuität – Ausgabeannuität*

*Annuität = 66.539,01 – 51.602,27*

*Annuität = 14.936,74*

Die Annuität der Investition beträgt 14.936,74 €. Das bedeutet, dass jedes Jahr zum Ende des Jahres ein gleichbleibender Betrag in Höhe von 14.936,74 € aus der Investition entnommen werden könnte.

Bei der zweiten Ermittlungsmöglichkeit der Annuität wird zunächst der Kapitalwert ermittelt, wie im vorangegangenen Abschnitt erklärt:

| Zeit-punkt | Ein-nahmen (€) | Ausgaben (€) | Einnahme-überschuss (€) | Barwert der Einnahme-überschüsse (€) |
|---|---|---|---|---|
| 0 | | 290.000 | -290.000 | $\dfrac{290.000}{1,05^0} = -290.000,00$ |
| 1 | 45.000 | 15.000 | 30.000 | $\dfrac{30.000}{1,05^1} = 28.571,43$ |
| 2 | 50.000 | 15.000 | 35.000 | $\dfrac{35.000}{1,05^2} = 31.746,03$ |
| 3 | 125.000 | 15.000 | 110.000 | $\dfrac{110.000}{1,05^3} = 95.022,14$ |
| 4 | 50.000 | 15.000 | 35.000 | $\dfrac{35.000}{1,05^4} = 28.794,59$ |
| 5 | 50.000 | 15.000 | 35.000 | $\dfrac{35.000}{1,05^5} = 27.423,42$ |
| 6 | 50.000 | 15.000 | 35.000 | $\dfrac{35.000}{1,05^6} = 26.117,54$ |
| 7 | 50.000 | 15.000 | 35.000 | $\dfrac{35.000}{1,05^7} = 24.873,85$ |
| 8 | 150.000 | 15.000 | 135.000 | $\dfrac{135.000}{1,05^8} = 91.373,31$ |
| 9 | 50.000 | 15.000 | 35.000 | $\dfrac{35.000}{1,05^9} = 22.561,31$ |
| 10 | 50.000 | 3.000 | 47.000 | $\dfrac{47.000}{1,05^{10}} = 28.853,92$ |

Die Summe der Barwerte der Einnahmeüberschüsse ist der Kapitalwert, er beträgt 115.337,53 €.

Zur Ermittlung der Annuität wird nun der Kapitalwert mit dem Annuitätenfaktor multipliziert.

$$a = 115.337,53 \cdot \frac{(1+0,05)^{10} \cdot 0,05}{(1+0,05)^{10} - 1}$$

$$a = 115.337,53 \cdot 0,129505$$

$$\underline{a = 14.936,74}$$

Beide Möglichkeiten zur Ermittlung der Annuität führen zum gleichen Ergebnis.

Die Annuität kann auch mit Hilfe von *Microsoft Excel* ermittelt werden. Dazu werden die Einnahmen und Ausgaben in das Tabellenblatt eingetragen:

| | A | B | C |
|---|---|---|---|
| 1 | Zeitpunkt | Einnahmen | Ausgaben |
| 2 | 0 | | 290.000 |
| 3 | 1 | 45.000 | 15.000 |
| 4 | 2 | 50.000 | 15.000 |
| 5 | 3 | 125.000 | 15.000 |
| 6 | 4 | 50.000 | 15.000 |
| 7 | 5 | 50.000 | 15.000 |
| 8 | 6 | 50.000 | 15.000 |
| 9 | 7 | 50.000 | 15.000 |
| 10 | 8 | 150.000 | 15.000 |
| 11 | 9 | 50.000 | 15.000 |
| 12 | 10 | 50.000 | 3.000 |

Wenn man keine detaillierten Informationen zur Einnahme- und Ausgabeannuität benötigt, bietet sich die Ermittlung der Annuität über die vorangestellte Errechnung des Kapitalwertes an. Dazu werden, wie im vorangegangenen Abschnitt dargestellt, die Einnahmeüberschüsse ermittelt und über die Nettobarwertfunktion von Jahr 1 bis 10 abgezinst. Den Einnahmeüberschuss zum Zeitpunkt 0 muss separat hinzugerechnet werden.

| | A | B | C | D |
|---|---|---|---|---|
| | | $f_x$ | | |
| 1 | Zeitpunkt | Einnahmen | Ausgaben | Einnahmeüberschuss |
| 2 | 0 | | 290000 | =B2-C2 |
| 3 | 1 | 45000 | 15000 | =B3-C3 |
| 4 | 2 | 50000 | 15000 | =B4-C4 |
| 5 | 3 | 125000 | 15000 | =B5-C5 |
| 6 | 4 | 50000 | 15000 | =B6-C6 |
| 7 | 5 | 50000 | 15000 | =B7-C7 |
| 8 | 6 | 50000 | 15000 | =B8-C8 |
| 9 | 7 | 50000 | 15000 | =B9-C9 |
| 10 | 8 | 150000 | 15000 | =B10-C10 |
| 11 | 9 | 50000 | 15000 | =B11-C11 |
| 12 | 10 | 50000 | 3000 | =B12-C12 |
| 13 | | | Summe der Barwerte der Einnahme- überschüsse | =D2+NBW(0,05;D3:D12) |

In der Spalte D werden folgende Ergebnisse angezeigt:

| | A | B | C | D | E |
|---|---|---|---|---|---|
| 1 | Zeitpunkt | Einnahmen | Ausgaben | Einnahmeüberschuss | |
| 2 | 0 | | 290.000 | -290.000 | |
| 3 | 1 | 45.000 | 15.000 | 30.000 | |
| 4 | 2 | 50.000 | 15.000 | 35.000 | |
| 5 | 3 | 125.000 | 15.000 | 110.000 | |
| 6 | 4 | 50.000 | 15.000 | 35.000 | |
| 7 | 5 | 50.000 | 15.000 | 35.000 | |
| 8 | 6 | 50.000 | 15.000 | 35.000 | |
| 9 | 7 | 50.000 | 15.000 | 35.000 | |
| 10 | 8 | 150.000 | 15.000 | 135.000 | |
| 11 | 9 | 50.000 | 15.000 | 35.000 | |
| 12 | 10 | 50.000 | 3.000 | 47.000 | |
| 13 | | | Summe der Barwerte der Einnahme-überschüsse | 115.338 | |
| 14 | | | | | |

Der Kapitalwert beträgt 115.337,53 € und wird nun durch Multiplikation mit dem Annuitätenfaktor so aufgezinst, dass man für 10 Jahre jeweils zum Jahresende, also zu den Zeitpunkten t=1 bis 10, eine gleichbleibende Zahlung erhält.

Die Annuität kann über die Funktion „Regelmäßige Zahlung" (RMZ) ermittelt werden. Bei der Arbeit mit der Funktion RMZ müssen mindestens der Zinssatz, der Zinszeitraum und der aufzuzinsende Barwert gegeben sein. Diese Informationen sind wie folgt in die Zelle einzutragen:

=RMZ(Zinssatz; Zinszeitraum; Barwert; Endwert; Fälligkeit),

Die Angaben zum Zinssatz; Zinszeitraum; Barwert sind obligatorisch. Fehlende Angaben zum Endwert und zur Fälligkeit werden interpretiert als Endwert von 0 und Zahlungen zum Ende der Periode.[46]

In dem genannten Beispiel beträgt der Zinssatz 5 %, der Zinszeitraum ist 10 Jahre. Das aufzuzinsende Kapital ist der zuvor ermittelte Kapitalwert. Bei der Eingabe des Barwertes in die Funktion ist hier der Vorzeichenwechsel zu beachten.

| | C | D |
|---|---|---|
| 4 | Annuität | =RMZ(0,05;10;-D13) |

Es wird folgendes Ergebnis angezeigt:

| | C | D |
|---|---|---|
| 4 | Annuität | 14.936,74 € |

---

[46] Durch Eingabe einer 1 für die Fälligkeit kann diese auf den jeweiligen Beginn der Periode, hier zum Jahresanfang, verändert werden.

# 10    Die Ermittlung des internen Zinsfußes

Bei der Kapitalwertmethode und der Annuitätenmethode werden die künftigen Zahlungen auf den Gegenwartszeitpunkt abgezinst. Dazu muss mit einem gegebenen kalkulatorischen Zinssatz gearbeitet werden. Dieser Zinssatz orientiert sich am Eigenkapitalzinssatz und Fremdkapitalzinssatz. Zum Teil ist es bei Investitionsprojekten jedoch nicht immer möglich, genau festzustellen, zu welchem Umfang Eigenkapital und Fremdkapital eingesetzt werden und welcher Zinssatz dafür maßgebend ist. Da das Ergebnis aber entscheidend von der Höhe des Zinssatzes abhängt, kann man einerseits mit alternativen Zinssätzen arbeiten, um zu sehen, bis zu welchem Zinssatz die Investition als vorteilhaft anzusehen ist. Andererseits kann man den internen Zinsfuß ermitteln. Der interne Zinsfuß ist der Zinssatz, der zu einem Kapitalwert von Null führt.

$$C_0 = \sum_{t=0}^{n} \frac{(E_t - A_t)}{(1+i)^t} = 0$$

Ein Investitionsobjekt ist dann absolut vorteilhaft, wenn der interne Zinsfuß größer ist als der Kalkulationszinssatz. Ist ein Kalkulationszinssatz anzunehmen, der größer ist als der ermittelte interne Zinsfuß, ergibt sich ein negativer Kapitalwert. Ist der Kalkulationszinssatz dagegen kleiner als der interne Zinsfuß ergibt sich ein positiver Kapitalwert und die Investition ist zu empfehlen.

Die relative Vorteilhaftigkeit ist dann gegeben, wenn der interne Zinssatz einer Investitionsalternative größer ist als der interne Zinsfuß anderer Investitionsalternativen.

Der interne Zinssatz kann aber nur in den Fällen mit der genannten Formel ermittelt werden, wenn der Betrachtungszeitraum maximal zwei Perioden umfasst. In allen anderen Fällen kann der interne Zinsfuß über eine Interpolation ermittelt werden.

Bei der linearen Interpolation wird zunächst der Kapitalwert mit zwei Zinssätzen ermittelt, wobei die zu verwendenden Zinssätze so gewählt werden, dass der eine Zinssatz zu einem negativen Kapitalwert, der andere zu einem positiven Kapitalwert führt. Der interne Zinsfuß liegt dann zwischen diesen beiden Zinssätzen. Mit Hilfe einer grafischen Darstellung kann ein Näherungswert für den internen Zinsfuß ermittelt werden.

An folgendem Beispiel soll die grafische Lösung zur Interpolation vorgestellt werden. Es ist von einer Anschaffungsausgabe in Höhe von 100.000 € auszugehen, im Verlauf der Nutzungsdauer von 4 Jahren ist jeweils zum Jahresende mit einem Einnahmeüberschuss von 30.000 € zu rechnen.

$$C_0 = \sum_{t=0}^{n} \frac{(E_t - A_t)}{(1+i)^t} = 0$$

$$C_0 = -100.000 + \frac{30.000}{(1+i)^1} + \frac{30.000}{(1+i)^2} + \frac{30.000}{(1+i)^3} + \frac{30.000}{(1+i)^4}$$

$$0 = -100.000 + \frac{30.000}{(1+i)^1} + \frac{30.000}{(1+i)^2} + \frac{30.000}{(1+i)^3} + \frac{30.000}{(1+i)^4}$$

Da hier die Einnahmeüberschüsse gleichbleibend sind, kann zur Abzinsung aller künftigen Einnahmeüberschüsse der konstante Wert mit dem Rentenbarwertfaktor multipliziert werden.

$$0 = -100.000 + 30.000 \cdot RBF_{Zinssatz\,?}^{4\,Jahre}$$

$$0 = -100.000 + 30.000 \cdot \frac{(1+i)^4 - 1}{(1+i)^4 \cdot i}$$

Hier die Gleichung nach dem Zinssatz $i$ umzustellen, ist jedoch nicht möglich. Es kann jedoch der Rentenbarwertfaktor isoliert werden.

$$100.000 = 30.000 \cdot RBF_{Zinssatz\ ?}^{4\ Jahre}$$

$$\frac{100.000}{30.000} = RBF_{Zinssatz?}^{4\ Jahre}$$

$$3,3333 = RBF_{Zinssatz\ ?}^{4\ Jahre}$$

Zur Ermittlung des internen Zinsfußes kann nun eine Tabelle mit den Rentenbarwertfaktoren herangezogen werden. In der Tabelle wird bei einer Laufzeit von 4 Jahren der ermittelte Rentenbarwertfaktor von 3,3333 gesucht und der dazugehörige Zinssatz abgelesen.

| Rentenbarwertfaktor | 1 | 2 | 3 | 4 |
|---|---|---|---|---|
| Zinssatz von | | | | |
| 4% | 0,9615 | 1,8861 | 2,7751 | 3,6299 |
| 5% | 0,9524 | 1,8594 | 2,7232 | 3,5460 |
| 6% | 0,9434 | 1,8334 | 2,6730 | 3,4651 |
| 7% | 0,9346 | 1,8080 | 2,6243 | 3,3872 |
| 8% | 0,9259 | 1,7833 | 2,5771 | 3,3121 |

Hier ist zu sehen, dass sich der Rentenbarwertfaktor von 3,3333 bei einer Laufzeit von 4 Jahren bei einem Zinssatz 7% < $i$ < 8% ergibt. Das kann nun genauer mit Hilfe der Interpolation ermittelt werden. Dazu wird der Kapitalwert einerseits bei Anwendung eines Zinssatzes von 7 % und andererseits bei einem Zinssatz von 8 % ermittelt. Der Zinssatz von 7 % führt zu einem positiven Kapitalwert, bei Anwendung des Zinssatzes von 8 % ergibt sich ein negativer Kapitalwert.

$$C_0 = -100.000 + 30.000 \cdot RBF\,_{7\%}^{4\,Jahre}$$

$$C_0 = -100.000 + 30.000 \cdot \frac{(1,07)^4 - 1}{(1,07)^4 \cdot 0,07}$$

$$C_0 = -100.000 + 30.000 \cdot 3,387211$$

$$\underline{C_0 = 1.616,34}$$

$$C_0 = -100.000 + 30.000 \cdot RBF_{8\%}^{4\,Jahre}$$

$$C_0 = -100.000 + 30.000 \cdot \frac{(1,08)^4 - 1}{(1,08)^4 \cdot 0,08}$$

$$C_0 = -100.000 + 30.000 \cdot 3,312127$$

$$\underline{C_0 = -636,19}$$

Der Kapitalwert wird nun in Abhängigkeit vom Zinssatz vereinfacht als lineare Funktion grafisch dargestellt.

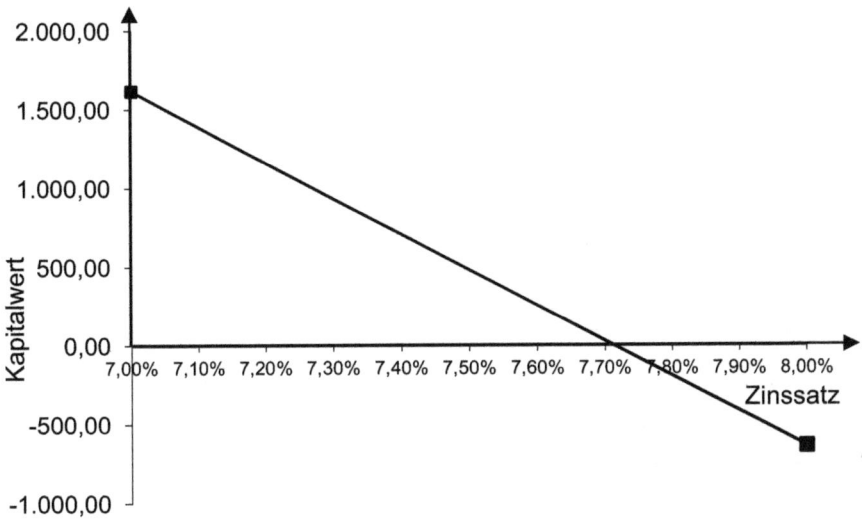

Es kann nun abgelesen werden, dass sich ein Kapitalwert von Null bei einem Zinssatz von etwa 7,72 % ergibt.

Mit Hilfe der linearen Interpolation kann der interne Zinssatz auch rechnerisch ermittelt werden. Dazu wird angenommen, dass durch die Punkte $P_0$ (7; 1.616,36) und $P_1$ (8; -636,19) eine Funktion beschrieben wird, die näherungsweise einer lineare Funktion entspricht.

Die Funktionsgleichung dieser Funktion ergibt sich aus

$$f(x) = y_0 + \frac{y_1 - y_0}{x_1 - x_0} (x - x_0)$$

$$f(x) = 1.616,34 + \frac{-636,19 - 1.616,34}{8 - 7} (x - 7)$$

$$f(x) = 1.616,34 + \frac{-2.252,53}{1}(x-7)$$

$$f(x) = 1.616,34 - 2.252,53\,(x-7)$$

$$f(x) = 1.616,34 - 2.252,53\,x + 15.767,71$$

$$f(x) = -2.252,53\,x + 17.384,05$$

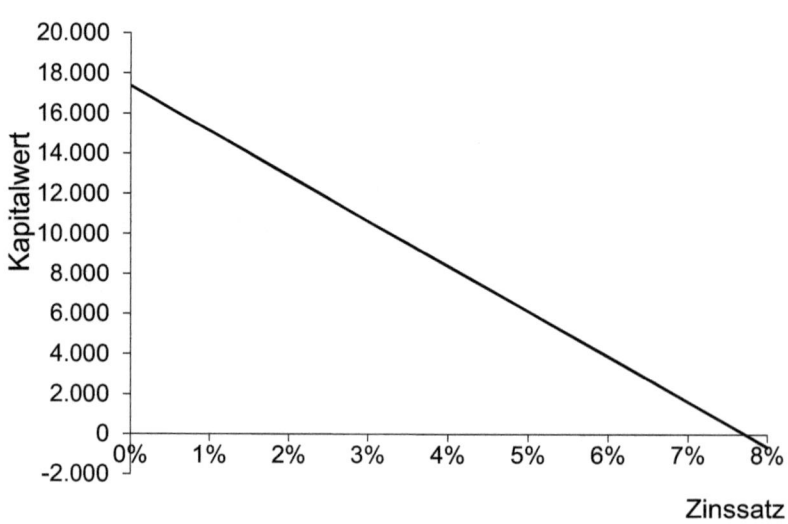

Um den internen Zinsfuß zu ermitteln, wird nun die Nullstelle dieser Funktion ermittelt.

$$f(x) = 0$$

$$0 = -2.252,53\,x + 17.384,05$$

$$2.252,53\,x = 17.384,05$$

$$\underline{x = 7,7176}$$

Der interne Zinsfuß liegt näherungsweise bei 7,72 %.

Zur Kontrolle wird der Kapitalwert mit Anwendung des ermittelten internen Zinsfußes errechnet:

| Zeitpunkt | Einnahme- überschuss (€) | Barwert der Einnahmeüberschüsse (€) |
|---|---|---|
| 0 | -100.000 | $\frac{100.000}{1,072^0} = -100.000,00$ |
| 1 | 30.000 | $\frac{30.000}{1,072^1} = 27.849,98$ |
| 2 | 30.000 | $\frac{30.000}{1,072^2} = 25.854,05$ |
| 3 | 30.000 | $\frac{30.000}{1,072^3} = 24.001,16$ |
| 4 | 30.000 | $\frac{30.000}{1,072^4} = 22.281,06$ |

Die Summe der Barwerte der Einnahmeüberschüsse beträgt hier –13,75 €. Da der interne Zinsfuß mit dem oben dargestellten Verfahren der Interpolation nur näherungsweise ermittelt wurde, ist dieses Ergebnis als Bestätigung des internen Zinsfußes bei etwa 7,2 % zu sehen.

Die Investition ist zu empfehlen, wenn der kalkulatorische Zinssatz kleiner ist als der interne Zinsfuß (hier 7,2 %), da sich dann ein positiver Kapitalwert ergibt. Ist dagegen der Kalkulationszinssatz größer als der interne Zinsfuß, ergibt sich ein negativer Kapitalwert und die Investition ist nicht zu empfehlen.

Exakt kann der interne Zinsfuß mit Hilfe von *Microsoft Excel* ermittelt werden. Es steht die Funktion *IKV* (Interner Kapitalverzinsungssatz) zur Verfügung.

Dazu werden zunächst die Zahlungen, für welche der interne Zinsfuß ermittelt werden soll, in ein Tabellenblatt eingetragen. Die eingetragenen Werte müssen mindestens einen positiven und einen negativen Wert enthalten, damit ein interner Zinsfuß berechnet werden kann.

| | A | B |
|---|---|---|
| 1 | Zeitpunkt | Einnahmeüberschuss |
| 2 | 0 | -100000 |
| 3 | 1 | 30000 |
| 4 | 2 | 30000 |
| 5 | 3 | 30000 |
| 6 | 4 | 30000 |

Die Funktion zur Ermittlung des internen Zinsfußes wird nun in eine Zelle eingetragen:

=IKV(Werte;Schätzwert)

Die Werte, auf die sich die Funktion bezieht, ist eine Matrix von Zellen, für die der interne Zinsfuß berechnet werden soll. Die Eintragung des Schätzwertes kann gewöhnlich unterbleiben.[47]

Hier sind die Werte in den Zellen B2 bis B6 zu finden. Die Eingabe in die Zelle lautet somit

| | A | B |
|---|---|---|
| 1 | Zeitpunkt | Einnahmeüberschuss |
| 2 | 0 | -100000 |
| 3 | 1 | 30000 |
| 4 | 2 | 30000 |
| 5 | 3 | 30000 |
| 6 | 4 | 30000 |
| 7 | Interner Zinsfuß | =IKV(B2:B6) |
| 8 | | |

Es wird das Ergebnis 7,7138 % angezeigt.

Der interne Zinsfuß beträgt für diese Investition 7,7138 %. Das heißt die Investition ist dann zu empfehlen, wenn der kalkulatorische Zinssatz kleiner ist als 7,7138 %. Mit allen Zinssätzen kleiner als 7,7138 wird ein positiver Kapitalwert erzielt.

---

[47] Fehlt die Eintragung des Schätzwertes, wird es als 0,1 (10 Prozent) angenommen. *Microsoft Excel* verwendet zur Berechnung der Funktion IKV ein Iterationsverfahren. Beginnend mit dem Schätzwert wird die Funktion IKV solange ausgeführt, bis das Ergebnis auf 0,00001 Prozent genau ist. Liefert IKV den Fehlerwert #ZAHL! ist die Berechnung mit einem anderen Schätzwert wiederholen.

# 11    Dynamische Amortisationsrechnung

Bei der dynamischen Amortisationsrechnung wird unter Berücksichtigung des veränderten Geldwertes der Rückflüsse der Zeitpunkt ermittelt, zu welchem die Summe der Barwerte der Rückflüsse die Höhe der Anschaffungsausgabe erreicht hat. Zur Anwendung kommt hier die Kumulationsmethode, es wird hier das bereits betrachtete Beispiel (siehe Kapitel 6) aufgegriffen und nun als dynamische Amortisationsrechnung betrachtet.

Es wird mit folgenden Zahlungsströmen gerechnet:

|              | 0       | 1       | 2       | 3       | 4       | 5       |
|--------------|---------|---------|---------|---------|---------|---------|
| Ausgaben (€) | 200.000 | 40.000  | 40.000  | 80.000  | 50.000  | 50.000  |
| Einnahmen (€)|         | 100.000 | 110.000 | 120.000 | 130.000 | 140.000 |

Es soll nun mit Hilfe der dynamischen Amortisationsrechnung ermittelt werden, wann sich die Anschaffungsausgabe in Höhe von 200.000 € amortisieren wird.

Es werden zunächst die jährlichen Rückflüsse ermittelt:

|           | 1      | 2      | 3      | 4      | 5      |
|-----------|--------|--------|--------|--------|--------|
| Rückfluss | 60.000 | 70.000 | 40.000 | 80.000 | 90.000 |

Nach der statischen Betrachtung hätte man den Amortisationszeitpunkt nach der Kumulationsmethode nach 3 Jahren und 4,5 Monaten erreicht. Zu dem Zeitpunkt hätte man 200.000 € aus den Rückflüssen gewonnen.

Die Summe der Rückflüsse entspricht dann den zwar den historischen Anschaffungskosten, sie wird aber nicht den Anschaffungskosten entsprechen, die zum Amortisationszeitpunkt für eine vergleichbare Anlage aufzubringen wäre. Es ist sehr wahrscheinlich, dass die Anschaffungskosten nun größer sein werden als die ursprünglichen 200.000 €. Auf den gegenwärtigen Zeitpunkt bezogen kann man ebenso feststellen, dass die künftigen Rückflüsse bei gleichem Nominalwert weniger wert sind als gegenwärtige Rückflüsse. Dieser Geldwertverlust wird berücksichtigt, indem bei der dynamischen Amortisationsrechnung mit den Barwerten der Rückflüsse gearbeitet wird.

Aufgrund der ermittelten Rückflüsse werden unter Verwendung eines angemessenen kalkulatorischen Zinssatzes die Barwerte der Rückflüsse ermittelt. Der Zinssatz soll hier nun 6 % betragen.

| Zeitpunkt | 1 | 2 | 3 | 4 | 5 |
|---|---|---|---|---|---|
| Rückfluss (€) | 60.000 | 70.000 | 40.000 | 80.000 | 90.000 |
| Barwert des Rückflusses (€) | 56.604 | 62.300 | 33.585 | 63.367 | 67.253 |

Die jährlichen Rückflüsse werden nun addiert. Der Amortisationszeitpunkt ist dann erreicht, wenn die kumulierten Rückflüsse die Höhe der Anschaffungsausgabe erreicht haben.

| Zeitpunkt | 1 | 2 | 3 | 4 | 5 |
|---|---|---|---|---|---|
| Barwert des Rückflusses (€) | 56.604 | 62.300 | 33.585 | 63.367 | 67.253 |
| Summe der abgezinsten Rückflüsse (€) | 56.604 | 118.904 | 152.488 | 215.856 | 283.109 |

Die abgezinsten Rückflüsse haben Ende des 3. Jahres eine Summe von 152.488 €, Ende des vierten Jahres eine Summe von

215.856 € erreicht. Ende des dritten Jahres fehlen noch 47.512 €[48]. Somit liegt der Amortisationszeitpunkt im vierten Jahr.

Rechnerisch bzw. grafisch kann die Ermittlung des Amortisationszeitpunktes mit Hilfe der linearen Interpolation vorgenommen werden, indem zwei Zeitpunkte ausgewählt werden, wovon ein Zeitpunkt einen negativen Überschuss darstellt, zu dem anderen ausgewählten Zeitpunkt ist der Amortisationszeitpunkt bereits überschritten, es liegt somit ein positiver Überschuss vor.

Diese beiden Zeitpunkte sind hier $t_1 = 3$ und $t_2 = 4$, denn genau zwischen diesen Zeitpunkten ist der Amortisationszeitpunkt erreicht. Zum Zeitpunkt $t_1 = 3$ beträgt der Kapitalwert -47.512 €, zum Zeitpunkt $t_2 = 4$ beträgt der Kapitalwert 15.856 €.

Mit Hilfe der linearen Interpolation kann nun der Zeitpunkt genauer ermittelt werden, zu welchem die Amortisation eintritt.

$$AZ = t_1 + \frac{K_1}{K_1 - K_2}$$

$$AZ = 3 + \frac{-47.512}{-47.512 - 15.856}$$

$$AZ = 3{,}75$$

---

[48] 200.000 - 152.488 = 41.512

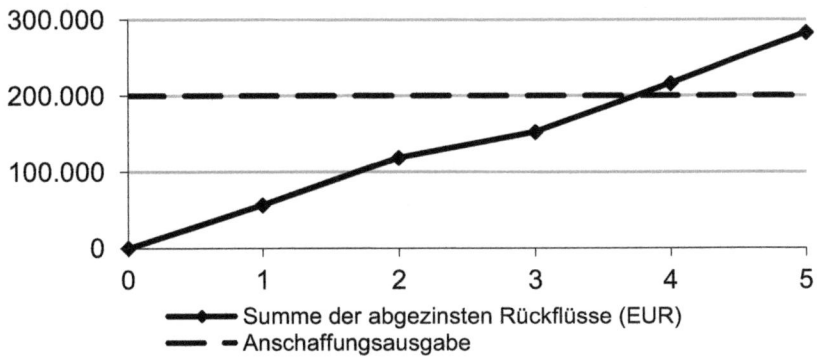

In der grafischen Darstellung lässt sich ebenfalls erkennen, dass die Amortisation nach 3,75 Jahren erreicht ist. Dieses Ergebnis ist allerdings nicht ganz exakt, da hier die Rückflüsse vereinfacht jeweils dem Jahresende zugeordnet werden und somit über jeweils ganze Jahre abgezinst werden.

Zur genaueren Ermittlung des Amortisationszeitpunktes könnte man unterstellen, dass die Rückflüsse der einzelnen Nutzungsjahre kontinuierlich eintreten. Für jeden Monat wird somit ein durchschnittlicher Rückfluss angenommen und dieser wird nun monatsgenau abgezinst.

Zu berücksichtigen ist hier, dass die Abzinsung monatsgenau und damit mit Hilfe des monatlichen Zinssatzes zu erfolgen hat. Bei einem Jahreszinssatz von 6 % beträgt der monatliche Zinssatz 0,5 %.[49]

Mit Hilfe von *Microsoft Excel* lässt sich der Amortisationszeitpunkt bequem ermitteln.

Dazu werden die Rückflüsse in das Tabellenmonat eingetragen und dem Monat zugeordnet, in welchem sie auftreten.

---

[49]  6% : 12 = 0,5 %

Durch Verwendung der Formel zur Abzinsung werden die Barwerte der Rückflüsse ermittelt:

$$Barwert\ des\ monatlichen\ Rückflusses = \frac{Rückfluss}{(1+\frac{i}{12})^n}$$

i = Zinssatz          (hier 6 %)
n = Zeitpunkt in Monaten

In die Excel-Tabelle werden nun die monatlichen Rückflüsse eingetragen, entsprechend abgezinst und kumuliert.

Der Amortisationszeitpunkt ist nach 44 Monaten, also 3,75 Jahren erreicht.

Auch wenn es zu keinen erheblichen Abweichungen des Amortisationszeitpunktes bei kontinuierlichen Rückflüssen und damit monatlicher Abzinsung im Vergleich zu jährlicher Abzinsung führt, so ist an den zum Beispiel jeweils zum Ende des vierten Jahres dargestellten kumulierten Rückflüssen[50] zu erkennen, dass die Ergebnisse voneinander abweichen.

Für die dynamische Amortisationsrechnung ist –wie auch bei der statischen Amortisationsrechnung– als Kritik anzuführen, dass die Rechnung als ergänzendes Beurteilungskriterium heranzuziehen ist, jedoch keine alleinige Entscheidungsgrundlage darstellen sollte.

---

[50] bei monatlicher Abzinsung 221.023 €, bei jährlicher Abzinsung 215.856 €

|   | A | B | C | D | |
|---|---|---|---|---|---|
| 1 | Zeitpunkt (Monate) | Rückfluss | Barwert der Rückflüsse | kumuliert | |
| 2 | 1 | =60000/12 | =B2/1,005^A2 | =C2 | ⎫ |
| 3 | 2 | =60000/12 | =B3/1,005^A3 | =D2+C3 | |
| 4 | 3 | =60000/12 | =B4/1,005^A4 | =D3+C4 | Rückflüsse im 1. Jahr |
| 12 | 11 | =60000/12 | =B12/1,005^A12 | =D11+C12 | |
| 13 | 12 | =60000/12 | =B13/1,005^A13 | =D12+C13 | ⎭ |
| 14 | 13 | =70000/12 | =B14/1,005^A14 | =D13+C14 | ⎫ |
| 15 | 14 | =70000/12 | =B15/1,005^A15 | =D14+C15 | |
| ... | | | | | |
| 24 | 23 | =70000/12 | =B24/1,005^A24 | =D23+C24 | Rückflüsse im 2. Jahr |
| 25 | 24 | =70000/12 | =B25/1,005^A25 | =D24+C25 | ⎭ |
| 26 | 25 | =40000/12 | =B26/1,005^A26 | =D25+C26 | ⎫ |
| 27 | 26 | =40000/12 | =B27/1,005^A27 | =D26+C27 | |
| 28 | 27 | =40000/12 | =B28/1,005^A28 | =D27+C28 | |
| 29 | 28 | =40000/12 | =B29/1,005^A29 | =D28+C29 | |
| 30 | 29 | =40000/12 | =B30/1,005^A30 | =D29+C30 | |
| 31 | 30 | =40000/12 | =B31/1,005^A31 | =D30+C31 | Rückflüsse im 3. Jahr |
| 32 | 31 | =40000/12 | =B32/1,005^A32 | =D31+C32 | |
| 33 | 32 | =40000/12 | =B33/1,005^A33 | =D32+C33 | |
| 34 | 33 | =40000/12 | =B34/1,005^A34 | =D33+C34 | |
| 35 | 34 | =40000/12 | =B35/1,005^A35 | =D34+C35 | |
| 36 | 35 | =40000/12 | =B36/1,005^A36 | =D35+C36 | |
| 37 | 36 | =40000/12 | =B37/1,005^A37 | =D36+C37 | ⎭ |
| 38 | 37 | =80000/12 | =B38/1,005^A38 | =D37+C38 | ⎫ |
| ... | | | | | Rückflüsse im 4. Jahr |
| 48 | 47 | =80000/12 | =B48/1,005^A48 | =D47+C48 | |
| 49 | 48 | =80000/12 | =B49/1,005^A49 | =D48+C49 | ⎭ |
| 50 | 49 | =90000/12 | =B50/1,005^A50 | =D49+C50 | ⎫ |
| 51 | 50 | =90000/12 | =B51/1,005^A51 | =D50+C51 | |
| 52 | 51 | =90000/12 | =B52/1,005^A52 | =D51+C52 | |
| 53 | 52 | =90000/12 | =B53/1,005^A53 | =D52+C53 | |
| 54 | 53 | =90000/12 | =B54/1,005^A54 | =D53+C54 | |
| 55 | 54 | =90000/12 | =B55/1,005^A55 | =D54+C55 | Rückflüsse im 5. Jahr |
| 56 | 55 | =90000/12 | =B56/1,005^A56 | =D55+C56 | |
| 57 | 56 | =90000/12 | =B57/1,005^A57 | =D56+C57 | |
| 58 | 57 | =90000/12 | =B58/1,005^A58 | =D57+C58 | |
| 59 | 58 | =90000/12 | =B59/1,005^A59 | =D58+C59 | |
| 60 | 59 | =90000/12 | =B60/1,005^A60 | =D59+C60 | |
| 61 | 60 | =90000/12 | =B61/1,005^A61 | =D60+C61 | ⎭ |

Es werden die folgenden Ergebnisse angezeigt:

| | A | B | C | D |
|---|---|---|---|---|
| 1 | Zeitpunkt (Monate) | Rückfluss | Barwert der Rückflüsse | kumuliert |
| 2 | 1 | 5.000,00 | 4.975,12 | 4.975,12 |
| 3 | 2 | 5.000,00 | 4.950,37 | 9.925,50 |
| 4 | 3 | 5.000,00 | 4.925,74 | 14.851,24 |
| 5 | 4 | 5.000,00 | 4.901,24 | 19.752,48 |
| ... | | | | |
| 24 | 23 | 5.833,33 | 5.201,13 | 116.759,03 |
| 25 | 24 | 5.833,33 | 5.175,25 | 121.934,28 |
| 26 | 25 | 3.333,33 | 2.942,57 | 124.876,85 |
| ... | | | | |
| 37 | 36 | 3.333,33 | 2.785,48 | 156.294,78 |
| 38 | 37 | 6.666,67 | | 161.838,03 |
| 39 | 38 | 6.666,67 | | 167.353,70 |
| 40 | 39 | 6.666,67 | | 172.841,93 |
| 41 | 40 | 6.666,67 | | 178.302,85 |
| 42 | 41 | 6.666,67 | | 183.736,61 |
| 43 | 42 | 6.666,67 | 5.406,72 | 189.143,33 |
| 44 | 43 | 6.666,67 | 5.379,82 | 194.523,16 |
| 45 | 44 | 6.666,67 | 5.353,06 | 199.876,22 |
| 46 | 45 | 6.666,67 | 5.326,43 | 205.202,64 |
| 47 | 46 | 6.666,67 | 5.299,93 | 210.502,57 |
| 48 | 47 | 6.666,67 | 5.273,56 | 215.776,13 |
| 49 | 48 | 6.666,67 | 5.247,32 | 221.023,45 |
| 50 | 49 | 7.500,00 | 5.873,87 | 226.897,32 |
| 51 | 50 | 7.500,00 | 5.844,65 | 232.741,97 |
| 52 | 51 | 7.500,00 | 5.815,57 | 238.557,54 |
| 53 | 52 | 7.500,00 | 5.786,63 | 244.344,17 |
| 54 | 53 | 7.500,00 | 5.757,85 | 250.102,01 |
| 55 | 54 | 7.500,00 | 5.729,20 | 255.831,21 |
| 56 | 55 | 7.500,00 | 5.700,70 | 261.531,91 |
| 57 | 56 | 7.500,00 | 5.672,33 | 267.204,24 |
| 58 | 57 | 7.500,00 | 5.644,11 | 272.848,36 |
| 59 | 58 | 7.500,00 | 5.616,03 | 278.464,39 |
| 60 | 59 | 7.500,00 | 5.588,09 | 284.052,48 |
| 61 | 60 | 7.500,00 | 5.560,29 | 289.612,78 |

Amortisationszeitpunkt

# 12    Sensitivitätsanalyse

Im Rahmen einer Sensitivitätsanalyse wird untersucht, wie empfindlich die Ergebnisgrößen auf veränderte Einflussfaktoren reagieren. Unter der Annahme, dass alle weiteren Bedingungen gleich bleiben (ceteris paribus; c.p.) wird eine Inputgröße verändert.

Die Sensitivitätsanalyse ist kein eigenständiges Verfahren der Wirtschaftlichkeitsrechnung, vielmehr wird im Rahmen der Sensitivitätsanalysen untersucht, wie stabil eine gefundene Lösung bei Veränderungen der als gegeben betrachteten Parameter ist. Die dargestellten Verfahren der Wirtschaftlichkeitsrechnung stellen eine Grundlage dar und die gegebenen Parameter werden verändert.

Es können folgende Fragestellungen beantwortet werden:
- Wie verändert sich der Zielfunktionswert bei einer Variation einer oder mehrerer Inputgrößen?
- Welchen Wert müssen Inputgrößen annehmen, um einen vorgegebenen Zielfunktionswert zu erreichen?

Zunächst soll an einem Beispiel zur ersten Fragestellung erläutert werden, wie sich die Variation von Inputgrößen auf das Ergebnis am Beispiel des Kapitalwertes auswirkt.

Eine Wohnungsbaugesellschaft möchte eine sanierungsbedürftige Immobilie erwerben. Der Kaufpreis beträgt 350.000 €. Für die Sanierung entstehen Ende des 1. Nutzungsjahres Kosten in Höhe von 400.000 €. Die Mieteinnahmen betragen im 1. Nutzungsjahr 20.000 €, ab dem 2. Nutzungsjahr mit Abschluss der Sanierungsarbeiten 25.000 €. Zum Ende des 5. Nutzungsjahres soll die Immobilie zu 850.000 € verkauft werden. Der kalkulatorische Zinssatz beträgt 5 %.

| Inputgrößen | | |
|---|---|---|
| Kaufpreis | $A_0$ | 350.000 € |
| Sanierung | $S_1$ | 400.000 € |
| Mieteinnahme 1. Jahr | $E_1$ | 20.000 € |
| Mieteinnahme ab 2. Jahr | $E_2$ bis $E_5$ | 25.000 € |
| Verkaufserlös | $VE_5$ | 850.000 € |
| Zinssatz | i | 5 % |

Es liegen somit zu den jeweiligen Zeitpunkten die folgenden Zahlungen vor:

| Zeitpunkt | Einnahmen (€) | Ausgaben (€) |
|---|---|---|
| 0 | | 350.000,00 |
| 1 | 20.000,00 | 400.000,00 |
| 2 | 25.000,00 | |
| 3 | 25.000,00 | |
| 4 | 25.000,00 | |
| 5 | 875.000,00 | |

Mit Annahme des Zinssatzes in Höhe von 5 % beträgt der Kapitalwert 38.519,87 €.

Nun wird angenommen, dass sich jeweils eine der Inputgrößen
- Sanierungskosten,
- Mieteinnahmen ab dem 2. Nutzungsjahr,
- Verkaufserlös,
- Zinssatz

verändert.

Aus der Abbildung wird deutlich, wie elastisch der Kapitalwert auf die veränderte Inputgröße reagiert. Je größer der Anstieg der Kurve ist, umso empfindlicher wirkt sich die Veränderung der Inputgröße auf das Ergebnis aus.

Anhand der Darstellung ist zu erkennen, dass bei höheren Sanierungskosten der Kapitalwert geringer ist. Sollten die Sanierungskosten um 10 % höher ausfallen als zunächst angenommen, sinkt der Kapitalwert um etwa 100 %, was bedeutet, dass der Kapitalwert somit 0 wäre und die Investition als nicht vorteilhaft zu werten ist.

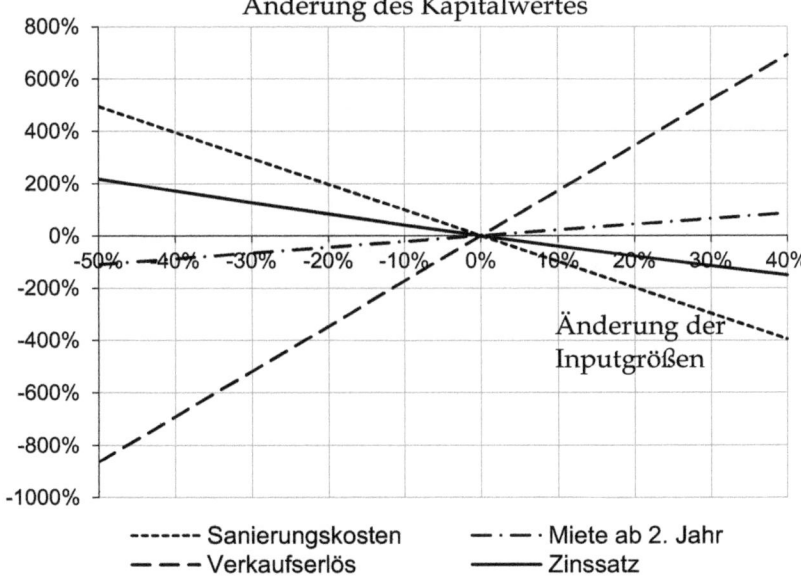

Mit der zweiten Fragestellung werden die kritischen Werte ermittelt. Der kritische Wert gibt unter der c.p. Bedingung an, ab welcher Größe ein vorgegebener Zielfunktionswert erreicht wird.

So könnte im oben genannten Beispiel der anzustrebende Kapitalwert 100.000 € betragen. Im Rahmen der Sensitivitätsanalyse wäre nun zu ermitteln, welchen Wert die veränderlichen Größen

- Sanierungskosten,
- Mieteinnahmen ab dem 2. Nutzungsjahr,
- Verkaufserlös,
- Zinssatz

annehmen müssten, um zu dem angestrebten Kapitalwert zu gelangen.

Die erste Frage ist nun, welchen Wert die Sanierungskosten haben dürften, um den Kapitalwert von 100.000 € zu erreichen. Alle anderen Größen werden nicht verändert, so dass folgende Zahlungsströme verwendet werden:

| Zeitpunkt | Einnahmen (€) | Ausgaben (€) |
|-----------|---------------|--------------|
| 0 | | 350.000,00 |
| 1 | 20.000,00 | $A_1$ |
| 2 | 25.000,00 | |
| 3 | 25.000,00 | |
| 4 | 25.000,00 | |
| 5 | 875.000,00 | |

Die Abzinsung erfolgt mit dem Zinssatz von 5 %.

$$K_0 = -350.000 + \frac{20.000 - A_1}{1,05} + \frac{25.000}{1,05^2} + \frac{25.000}{1,05^3} + \frac{25.000}{1,05^4} + \frac{875.000}{1,05^5}$$

Der anzustrebende Kapitalwert in Höhe von 100.000 € wird eingesetzt und die Gleichung nach $A_1$ aufgelöst.

$$100.000 = -350.000 + 19.047,62 + \frac{-A_1}{1,05} + 22.675,74 + 21.595,94 + 20.567,56 + 685.585,40$$

$$100.000 = 419.472,25 + \frac{-A_1}{1,05}$$

$$-319.472,25 = \frac{-A_1}{1,05}$$

$$319.472,25 = \frac{A_1}{1,05}$$

$$319.472,25 \cdot 1,05 = A_1$$

$$\underline{335.445,86 = A_1}$$

Die Sanierung dürfte maximal Ausgaben in Höhe von 335.445,86 € versuchen, um einen Kapitalwert in Höhe von mindestens 100.000 € zu erreichen.

Vergleicht man dieses Ergebnis mit den ursprünglichen Werten, heißt das, dass der Kapitalwert um etwa 160 % erhöht[51] werden kann, wenn die Ausgaben für die Sanierung um circa 16 % gesenkt[52] werden können.

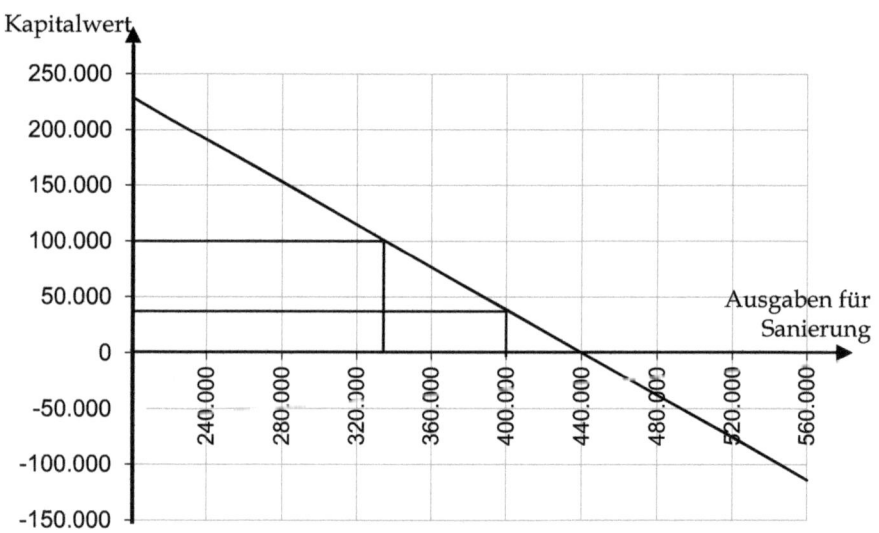

Unter Zugrundelegung der Ausgangswerte ist die zweite Frage, welche Miete ab dem 2. Jahr, also nach abgeschlossenen Sanierungsarbeiten verlangt werden müsste, um einen bestimmten Kapitalwert zu erreichen. Als Zielgröße wird wiederum ein Kapitalwert in Höhe von 100.000 € angenommen. Es gilt wieder die c.p. Bedingung, so dass folgende Zahlungsströme verwendet werden:

---

[51] Änderung des Kapitalwertes $= \dfrac{100.000 - 38.519,87}{38.519,87} \cdot 100 = 159\%$

[52] Änderung der Ausgaben für die Sanierung $= \dfrac{335.445,86 - 400.000}{400.000} \cdot 100 = -16,14\%$

| Zeitpunkt | Einnahmen (€) | Ausgaben (€) |
|---|---|---|
| 0 | | 350.000,00 |
| 1 | 20.000,00 | 400.000,00 |
| 2 | $M_2$[53] | |
| 3 | $M_3$ | |
| 4 | $M_4$ | |
| 5 | 850.000,00 $M_5$ | |

Die Abzinsung erfolgt mit dem Zinssatz von 5 %.

$$K_0 = -350.000 + \frac{-380.000}{1,05} + \frac{M_2}{1,05^2} + \frac{M_3}{1,05^3} + \frac{M_4}{1,05^4} + \frac{M_5}{1,05^5} + \frac{850.000}{1,05^5}$$

Der anzustrebende Kapitalwert in Höhe von 100.000 € wird eingesetzt.

$$100.000 = -350.000 - 361.904,76 + \frac{M_2}{1,05^2} + \frac{M_3}{1,05^3} + \frac{M_4}{1,05^4} + \frac{M_5}{1,05^5} + 665.997,24$$

---

[53] $M_2 = M_3 = M_4 = M_5$

$$100.000 = -45.907,52 + \frac{M_2}{1,05^2} + \frac{M_3}{1,05^3} + \frac{M_4}{1,05^4} + \frac{M_5}{1,05^5}$$

$$145.907,52 = \frac{M_2}{1,05^2} + \frac{M_3}{1,05^3} + \frac{M_4}{1,05^4} + \frac{M_5}{1,05^5}$$

Zur Ermittlung der Höhe der Mietzahlungen vom 2. bis zum 5. Jahr ist zu berücksichtigen, dass die Mietzahlungen in gleicher Höhe erfolgen. Bei aufeinanderfolgenden Zahlungen vom Ende des 1. Jahres bis Ende des Jahres n kann die Abzinsung durch Multiplikation mit dem Rentenbarwertfaktor vorgenommen werden. Da die Zahlungsreihe erst ab dem Jahr 2 einsetzt, ist die Zahlung zum Zeitpunkt 1 zu subtrahieren.

$$145.907,52 = M \cdot RBF_{5\%}^{5\,Jahre} - \frac{M}{1,05}$$

$$145.907,52 = M \cdot \frac{1,05^5 - 1}{1,05^5 \cdot 0,05} - \frac{M}{1,05}$$

$$145.907,52 = M \cdot \left( \frac{1,05^5 - 1}{1,05^5 \cdot 0,05} - \frac{1}{1,05} \right)$$

$$145.907,52 = M \cdot 3,37709$$

$$43.205,03 = M$$

Die jährlichen Mietzahlungen müssten mindestens 43.205,03 € betragen, um einen Kapitalwert in Höhe von mindestens 100.000 € zu erreichen. Gegenüber der ursprünglichen Planung wären die Mietzahlungen damit 73 % höher als ursprünglich angenommen. Die Miete müsste nach erfolgter Sanierung um 116 % gegenüber der Miete steigen, die im 1. Jahr verlangt wurde.

Im Diagramm ist zu erkennen, wie der Kapitalwert auf die Veränderung der ab dem 2. Jahr erfolgenden Mietzahlung reagiert.

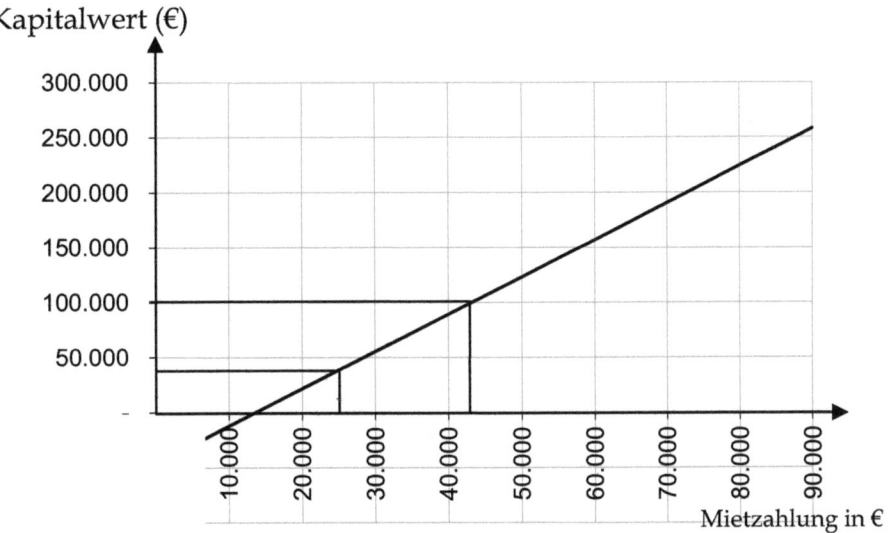

Im Folgenden wird unter sonst gleichen Bedingungen geprüft, welcher Verkaufserlös erforderlich ist, um einen Kapitalwert in Höhe von 100.000 € zu erhalten.

Folgende Werte werden zugrunde gelegt:

| Zeitpunkt | Einnahmen (€) | Ausgaben (€) |
|---|---|---|
| 0 | | 350.000,00 |
| 1 | 20.000,00 | 400.000,00 |
| 2 | 25.000,00 | |
| 3 | 25.000,00 | |
| 4 | 25.000,00 | |
| 5 | 25.000,00 | |
| | $E_5$ | |

Die Abzinsung erfolgt mit dem Zinssatz von 5 %.

$$K_0 = -350.000 + \frac{-380.000}{1{,}05} + \frac{25.000}{1{,}05^2} + \frac{25.000}{1{,}05^3} + \frac{25.000}{1{,}05^4} + \frac{25.000}{1{,}05^5} + \frac{E_5}{1{,}05^5}$$

Der anzustrebende Kapitalwert in Höhe von 100.000 € wird in die Gleichung eingesetzt.

$$100.000 = -350.000 - 361.904{,}76 + 22.675{,}74 + 21.595{,}94 + 20.567{,}56 + 19.588{,}15 + \frac{E_5}{1{,}05^5}$$

$$100.000 = -627.477{,}37 + \frac{E_5}{1{,}05^5}$$

$$727.477,37 = \frac{E_5}{1,05^5}$$

$$727.477,37 \cdot 1,05^5 = E_5$$

$$\underline{928.465,95 = E_5}$$

Die Immobilie müsste zu mindestens 928.465,95 € verkauft werden, um einen Kapitalwert in Höhe von mindestens 100.000 € zu erreichen.

Vergleicht man dieses Ergebnis mit den Ausgangswerten, heißt das, dass der Kapitalwert um etwa 160 % erhöht[54] werden kann, wenn der Verkaufspreis um circa 9 % erhöht[55] werden würde.

---

[54] Änderung des Kapitalwertes $= \dfrac{100.000 - 38.519,87}{38.519,87} \cdot 100 = 159\%$

[55] Änderung des Verkaufspreises $= \dfrac{928.465,95 - 850.000}{850.000} \cdot 100 = 9,23\%$

Kapitalwert (€)

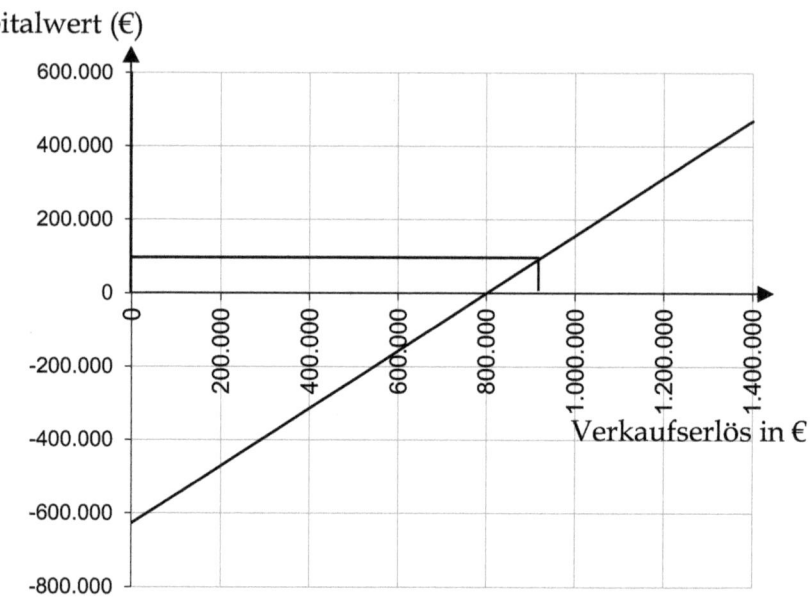

Die Ermittlung des Kapitalwertes erfolgte unter Anwendung des Zinssatzes in Höhe von 5 %. Durch die Höhe des Zinssatzes wird der Kapitalwert erheblich beeinflusst.

Im Rahmen der Sensitivitätsanalyse wird nun geprüft, welcher Zinssatz angenommen werden müsste, um einen Kapitalwert in Höhe eines anzustrebenden Wertes zu erreichen.

Dazu erfolgt die Abzinsung der gegebenen Zahlungsströme mit unterschiedlichen Zinssätzen.

Es werden die folgenden Zahlungen angenommen.

| Zeitpunkt | Einnahmen (€) | Ausgaben (€) |
|---|---|---|
| 0 | | 350.000,00 |
| 1 | 20.000,00 | 400.000,00 |
| 2 | 25.000,00 | |
| 3 | 25.000,00 | |
| 4 | 25.000,00 | |
| 5 | 25.000,00 | |
| | 850.000,00 | |

Es ergeben sich in Abhängigkeit vom Zinssatz folgende Kapitalwerte:

| Zinssatz | Kapitalwert (€) |
|---|---|
| 2,00% | 140.648,85 |
| 3,00% | 104.506,26 |
| 4,00% | 70.510,52 |
| 5,00% | 38.519,87 |
| 6,00% | 8.403,07 |
| 7,00% | -19.961,48 |
| 8,00% | -46.686,53 |
| 9,00% | -71.876,67 |
| 10,00% | -95.629,02 |

Es ist zu beachten, dass sich der Kapitalwert in Abhängigkeit vom Zinssatz nicht linear verändert.

Für jeden anzustrebenden Kapitalwert kann nun in der Darstellung abgelesen werden, bei welchem kalkulatorischen Zinssatz dieser erreicht wird.

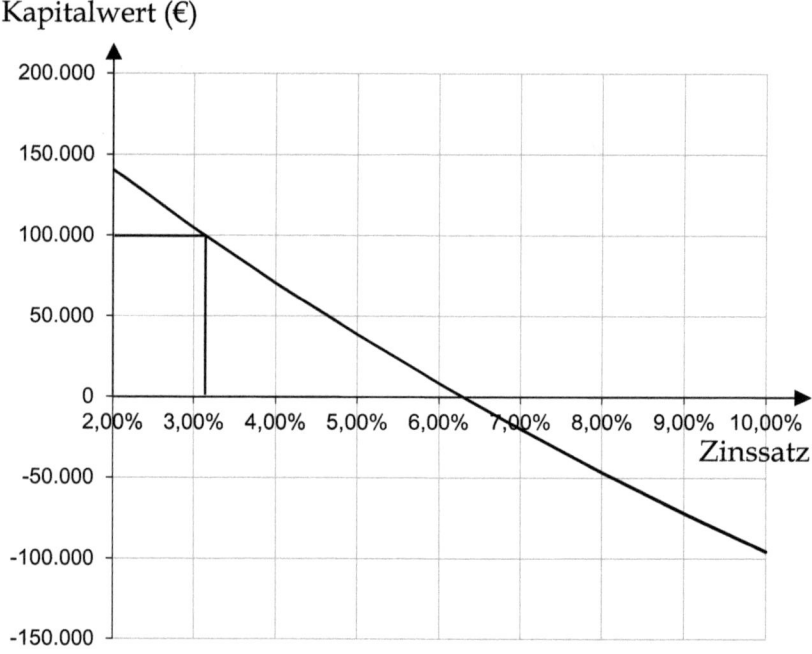

Wird ein Kapitalwert von 100.000 € angenommen, so würde dieser erreicht, wenn ein kalkulatorischer Zinssatz in Höhe von etwa 3 % anzunehmen wäre. Ein höherer Zinssatz führt zu einem geringeren Kapitalwert.

Zur genauen Ermittlung des Zinssatzes ist wie folgt zu verfahren.

$$K_0 = -350.000 + \frac{-380.000}{(1+i)^1} + \frac{25.000}{(1+i)^2} + \frac{25.000}{(1+i)^3} + \frac{25.000}{(1+i)^4} + \frac{25.000 + 850.000}{(1+i)^5}$$

$$100.000 = -350.000 + \frac{-380.000}{(1+i)^1} + \frac{25.000}{(1+i)^2} + \frac{25.000}{(1+i)^3} + \frac{25.000}{(1+i)^4} + \frac{25.000 + 850.000}{(1+i)^5}$$

$$450.000 = \frac{-380.000}{(1+i)^1} + \frac{25.000}{(1+i)^2} + \frac{25.000}{(1+i)^3} + \frac{25.000}{(1+i)^4} + \frac{875.000}{(1+i)^5}$$

Eine Isolation des kalkulatorischen Zinssatzes $i$ ist nicht möglich. Die Ermittlung des Zinssatzes erfolgt mittels einer linearen Interpolation.

Dazu werden zwei Zinssätze gewählt, wovon einer zu einem Kapitalwert kleiner als 100.000 €, der andere zu einem Kapitalwert größer als 100.000 € führt. Hier werden die Zinssätze $i_1=3{,}0$ % und $i_2=3{,}2$ % gewählt.

Ein Zinssatz von 3,0 % führt zu einem Kapitalwert von 104.506,26 €, bei Anwendung des Zinssatzes von 3,2 % ergibt sich ein Zinssatz von 97.540,06 €.

Dazu wird angenommen, dass durch die Punkte $P_0$ (3,0; 104.506,26) und $P_1$ (3,2; 97.540,06) eine Funktion beschrieben wird, die näherungsweise einer lineare Funktion entspricht.

Die Funktionsgleichung dieser Funktion ergibt sich aus

$$f(x) = y_0 + \frac{y_1 - y_0}{x_1 - x_0}(x - x_0)$$

$$f(x) = 104.506,26 + \frac{97.540,06 - 104.506,26}{3,2 - 3,0}(x - 3,0)$$

$$f(x) = 104.506,26 + \frac{-6.966,20}{0,2}(x - 3,0)$$

$$f(x) = 104.506,26 - 34.831,01(x - 3,0)$$

$$f(x) = 104.506,26 - 34.831,01x + 104.493,02$$

$$f(x) = 104.506,26 - 34.831,01x + 104.493,02$$

$$\underline{f(x) = 208.999,28 + 34.831,01x}$$

Um den internen Zinsfuß zu ermitteln, wird nun der angestrebte Kapitalwert (hier in Höhe von 100.000 €) für *f(x)* eingesetzt.

$$f(x) = 100.000$$

$$100.000 = 208.999{,}28 + 34.831{,}01x$$

$$100.000 - 208.999{,}28 = 34.831{,}01x$$

$$-108.999{,}28 = 34.831{,}01x$$

$$\underline{x = 3{,}13}$$

Der Zinssatz, der zu einem Kapitalwert von 100.000 € führt, liegt näherungsweise bei 3,13 %.

# 13 Finanzierung

## 13.1 Überblick über Finanzierungsmöglichkeiten

In den vorangegangenen Kapiteln wurde mit der Darstellung von statischen und dynamischen Verfahren aufgezeigt, wie die Vorteilhaftigkeit einer Investition ermittelt werden kann. Ist die Vorteilhaftigkeit gegeben, stellt sich nun die Frage, wie diese Investitionen finanziert werden. Der Begriff der Investition steht in sehr engem Zusammenhang mit dem Begriff Finanzierung. Unter einer Investition ist die Verwendung von finanziellen Mitteln zur Anschaffung von Vermögen zu verstehen. Unter Finanzierung ist die Bereitstellung von finanziellen Mitteln zu verstehen. Jedoch ist auch eine Abgrenzung der Begriffe Investition und Finanzierung erforderlich, denn nicht jede Beschaffung von finanziellen Mitteln hat eine Investition zur Folge.

Für den Begriff „Finanzierung" gibt es zahlreiche Bedeutungen, die von der Beschaffung von finanziellen Mitteln bis zur Erhöhung des abstrakten Kapitals reichen. Hier soll der Begriff Finanzierung im Sinne der Beschaffung von finanziellen Mitteln verwendet werden. Die Finanzierung kann einerseits in Eigenfinanzierung und Fremdfinanzierung, andererseits in Innenfinanzierung und Außenfinanzierung untergliedert werden.

Die Unterteilung in Eigenfinanzierung und Fremdfinanzierung stellt auf die Rechtstellung des Kapitalgebers ab. Eine Eigenfinanzierung ist eine Erhöhung des Eigenkapitals bzw. der Nettoposition, welche in der Bilanz abgebildet ist. Unter einer Fremdfinanzierung ist eine Zuführung von Gläubigerkapital zu verstehen. Eine Eigenfinanzierung kann als Innenfinanzierung oder Außenfinanzierung auftreten. Ebenso kann eine Fremdfinanzierung eine Innenfinanzierung oder Außenfinanzierung sein. Bei einer Außenfinanzierung fließen die finanziellen Mittel von außen in den Betrieb, das kann z. B. durch Aufnahme von Krediten aber auch durch Erhöhung der Beteiligungen der Gesellschafter sein. Von einer Innenfinanzierung spricht man, wenn finanzielle Mittel im Betrieb erwirtschaftet wurden und jetzt darauf zurückgegriffen wird. Das können nicht ausgeschüttete Gewinne sein, aber auch Mittel aus der Bildung von Pensionsrückstellungen.

| Finanzierung nach Rechtstellung des Kapitalgebers  /  Finanzierung nach Ursprung der finanziellen Mittel | Eigenfinanzierung | Fremdfinanzierung |
| --- | --- | --- |
| Innenfinanzierung | Finanzierung aus Gewinnen | Finanzierung aus Rückstellungen z.B. Pensions- rückstellungen |
| Außenfinanzierung | Einlagen- finanzierung | Kreditfinanzierung |

Die dargestellten Finanzierungsmöglichkeiten spielen in abgewandelter Form auch in der öffentlichen Verwaltung eine Rolle. Zur Finanzierung öffentlicher Investitionen stehen im Wesentlichen drei Finanzierungsmöglichkeiten zur Verfügung.

Es könnte eine Vorabdeckung der Investitionsausgaben erfolgen, indem der Kaufpreis im Vorfeld der Investition angespart wurde. Es wäre die Bildung eines hohen Rücklagenbestandes erforderlich. In Anbetracht eines vielfach sehr großen Investitionsvolumens wäre die Abgabenlast dementsprechend hoch.

Eine weitere Finanzierungsmöglichkeit ist die Sofortdeckung der Investitionsausgaben durch die laufenden Einnahmen. Es können zur Bestreitung der Ausgaben Einnahmen aus Steuern und gegebenenfalls anderer Entgelte, aber auch aus Zuweisungen herangezogen werden. Es kommt jedoch vielfach zu großen Schwankungen des Investitionsvolumens, was mit den laufenden Einnahmen nicht abgedeckt werden kann.

Die dritte Finanzierungsmöglichkeit ist die Nachherdeckung durch eine Kreditaufnahme. Auch wenn diese Finanzierung lange als unsolide galt, ist die Kreditaufnahme in der öffentlichen Verwaltung nunmehr eine häufig anzutreffende Einnahme im öffentlichen Haushalt. Zum Teil wird in der Nachherdeckung sogar der Vorteil gesehen, dass die Bürgerinnen und Bürger belastet werden, denen der Nutzen aus der Investition zufließt. Es kommt einerseits zu einer Lastverschiebung zwischen den Generationen, andererseits aber auch zu einer Lastverschiebung, hervorgerufen durch Zu- und Abwanderungen. Bei einer Vorherdeckung und einer Sofortdeckung werden hingegen Bürgerinnen und Bürger belastet, die die Investition nicht mehr in Anspruch nehmen können. Auch wenn man sich den vermeintlichen Vorteilen einer Kreditfinanzierung nicht anschließen mag, gibt es vielfach keine andere Möglichkeit zur Finanzierung von Investitionsausgaben und auch haushaltsrechtlich ist die Kreditaufnahme zugelassen.

Allerdings dürfen nach Art. 115 Abs. 1 GG die Einnahmen aus Krediten die Summe der im Haushaltsplan veranschlagten Ausgaben für Investitionen nicht überschreiten. Jedoch sind Ausnahmen zulässig zur Abwehr einer Störung des gesamtwirtschaftlichen Gleichgewichts. Diese Regelung erlaubt einerseits Schulden bis zur Höhe der Investitionen und andererseits bei schwacher Konjunktur. Das hat dazu geführt, dass man heute mit Schulden für Investitionen leben muss, die vor Jahren und Jahrzehnten getätigt wurden, und die seinerzeit angeschafften Güter mittlerweile nicht mehr existieren.

Auch in der öffentlichen Verwaltung sollte die „Goldene Finanzierungsregel" zur Selbstverständlichkeit werden. Diese besagt, dass die Dauer der Kapitalüberlassung nicht länger als die Kapitalbindung sein soll, d.h. die Kreditlaufzeit soll die Nutzungsdauer des Anlagegutes nicht überschreiten.

Neben der Beschränkung der Kreditaufnahme der öffentlichen Hand nach Art. 115 Abs. 1 GG stellen die Kriterien des Vertrages über die Europäische Union, dem so genannten Vertrag von Maastricht, weitere Verschuldungsgrenzen dar. In diesem Vertrag wurden erstmals die Konvergenzkriterien für die an der Währungsunion teilnehmenden Länder festgehalten. Diese sind heute in Art. 126 und 140 AEUV zu finden.

Zu den Konvergenzkriterien gehören neben dem Preisniveau, dem Zins und dem Wechselkurs eine Defizitquote von 3% und eine Schuldenstandquote von 60%, d. h. die Neuverschuldung darf nicht größer sein als 3% des Bruttoinlandsproduktes und die Gesamtverschuldung darf 60% des Bruttoinlandsproduktes nicht überschreiten.

## 13.2 Kreditfinanzierung

### 13.2.1 Kreditbestimmende Faktoren

Ist zur Finanzierung einer Investition eine Kreditaufnahme erforderlich, wird der Kredit im Wesentlichen durch folgende Merkmale bestimmt:

- Kredithöhe,
- Laufzeit des Kredites,
- Zinssatz,
- Dauer der Zinsfestschreibung,
- Tilgungszeitpunkte.

Die Höhe des Kredites wird durch die Anschaffungskosten bestimmt und durch die zur Verfügung stehenden finanziellen Mittel, die für die Finanzierung der Investition zum Einsatz kommen sollen. Die Kreditsumme hängt daneben aber auch vom Damnum ab. Damnum ist der Oberbegriff für ein Darlehensaufgeld (Agio) und ein Darlehensabgeld (Disagio). Es ergibt sich aus der Differenz zwischen Rückzahlungsbetrag und Auszahlungsbetrag des Kredites.

Betragen die Anschaffungskosten 200.000 € und es werden 29.000 € angezahlt, so sind noch 171.000 € mit einem Kredit zu finanzieren. Ist für den Kredit ein Disagio in Höhe von 5% vereinbart, so beträgt die Kreditsumme in Höhe von $x = \frac{171.000\,€}{0{,}95}$ =180.000 €.

Die Kreditsumme ergibt sich unter Berücksichtigung eines Disagios wie folgt:

$$Kreditsumme = \frac{Auszahlungsbetrag}{1 - \text{Disagio}}$$

Ist ein Damnum als Disagio vereinbart, verringert sich der Auszahlungsbetrag um das Abgeld. Wird hingegen ein Agio vereinbart in Höhe von 5%, so erhöht sich die Kreditsumme um den prozentualen Aufschlag in Höhe des Agios gegenüber dem Auszahlungsbetrag.

Bei dem oben genannten Kredit mit einer gewünschten Auszahlung von 171.000 € sind 5% Agio zu berücksichtigen. Die Kreditsumme beträgt somit 171.000 € · 1,05 = 179.550 €.

Bei Berücksichtigung eines Agios wird die Kreditsumme wie folgt ermittelt:

$$Kreditsumme = Auszahlungsbetrag \cdot (1 + Agio)$$

Wird ein Damnum als Agio vereinbart, erhöht sich die Kreditsumme um das Aufgeld.

Steht die Kreditsumme fest, so bestimmen die Laufzeit, die Höhe des nominalen Zinssatzes, dessen Festschreibung und die Tilgungsmodalitäten die Höhe der Kreditrate, die sich aus den Komponenten Tilgung und Zins zusammensetzt. Die Kreditrate ist der

Betrag, den ein Kreditnehmer während der Kreditlaufzeit an den Kreditgeber zu zahlen hat.

Der nominale Zinssatz ist der Jahreszinssatz, zu dem die Verzinsung des Kreditbetrages erfolgt. Bei monatlicher Zahlung der Kreditrate ergibt sich der Zinsanteil der Rate nach der Formel:

$$Zinsen = \text{Kreditbetrag} \cdot \frac{nominaler\ Zinssatz}{12}$$

Der Zinssatz ist bei kurz- und mittelfristigen Krediten gewöhnlich für die gesamte Kreditlaufzeit festgeschrieben. Bei langfristigen Krediten ist der Zinssatz gewöhnlich nur für einen bestimmten Zeitraum festgeschrieben. Mit Abschluss der Phase der Zinsfestschreibung werden die Kreditrahmenbedingungen neu verhandelt. Der in der Kreditrate enthaltene Tilgungsumfang wird durch die Art des Darlehens hinsichtlich der Tilgungsmodalitäten bestimmt. Es kann ein Tilgungsdarlehen, ein Annuitätendarlehen, ein endfälliges Darlehen oder eine Schlussratenfinanzierung vereinbart werden.

### 13.2.2 Tilgungsdarlehen

Bei einem Tilgungsdarlehen erfolgt die Tilgung des Kredites linear, d. h. mit jeder Kreditrate wird der gleiche Tilgungsanteil gezahlt. Bei dieser Form des Kredites erfolgt eine Ratentilgung. Die Höhe der Kreditrate nimmt mit zunehmender Ratenzahlung aufgrund der geringer werdenden Zinsen ab.

Beträgt der Kredit 120.000 € bei einer Laufzeit von 24 Monaten, so sind monatlich 5.000 € Tilgung an den Kreditgeber zu zahlen. Der Kredit nimmt gleichmäßig ab. Die Zinsen, die monatlich zu zahlen sind, ergeben sich aus dem jeweils noch vorhandenen Kreditbetrag unter Berücksichtigung der bereits erfolgten Tilgung nach der folgenden Formel:

$$Zinsen = \text{Kreditbetrag} \cdot \frac{nominaler\ Zinssatz}{12}$$

In dem oben genannten Beispiel ist ein nominaler Jahreszinssatz in Höhe von 9 % angenommen, der monatliche Zinssatz beträgt somit 0,75 %.

Wird der Kreditbetrag zu Beginn des Monats 1, also zum Zeitpunkt 0, ausgezahlt, ergeben sich folgende Ratenzahlungen jeweils zum Monatsende.

| Zeitpunkt (Monate) | Tilgung | Kreditbetrag | Zins | Rate (Tilgung + Zins) |
|---|---|---|---|---|
| 1 | 5.000 € | 120.000 € | 900,00 € | 5.900,00 € |
| 2 | 5.000 € | 115.000 € | 862,50 € | 5.862,50 € |
| 3 | 5.000 € | 110.000 € | 825,00 € | 5.825,00 € |
| 4 | 5.000 € | 105.000 € | 787,50 € | 5.787,50 € |
| 5 | 5.000 € | 100.000 € | 750,00 € | 5.750,00 € |
| 6 | 5.000 € | 95.000 € | 712,50 € | 5.712,50 € |
| 7 | 5.000 € | 90.000 € | 675,00 € | 5.675,00 € |
| 8 | 5.000 € | 85.000 € | 637,50 € | 5.637,50 € |
| 9 | 5.000 € | 80.000 € | 600,00 € | 5.600,00 € |
| 10 | 5.000 € | 75.000 € | 562,50 € | 5.562,50 € |
| 11 | 5.000 € | 70.000 € | 525,00 € | 5.525,00 € |
| 12 | 5.000 € | 65.000 € | 487,50 € | 5.487,50 € |
| 13 | 5.000 € | 60.000 € | 450,00 € | 5.450,00 € |
| 14 | 5.000 € | 55.000 € | 412,50 € | 5.412,50 € |
| 15 | 5.000 € | 50.000 € | 375,00 € | 5.375,00 € |
| 16 | 5.000 € | 45.000 € | 337,50 € | 5.337,50 € |
| 17 | 5.000 € | 40.000 € | 300,00 € | 5.300,00 € |
| 18 | 5.000 € | 35.000 € | 262,50 € | 5.262,50 € |
| 19 | 5.000 € | 30.000 € | 225,00 € | 5.225,00 € |
| 20 | 5.000 € | 25.000 € | 187,50 € | 5.187,50 € |
| 21 | 5.000 € | 20.000 € | 150,00 € | 5.150,00 € |
| 22 | 5.000 € | 15.000 € | 112,50 € | 5.112,50 € |
| 23 | 5.000 € | 10.000 € | 75,00 € | 5.075,00 € |
| 24 | 5.000 € | 5.000 € | 37,50 € | 5.037,50 € |

In der folgenden Abbildung sind die Entwicklung der Rate und deren Zusammensetzung entsprechend der Werte aus der Tabelle dargestellt.

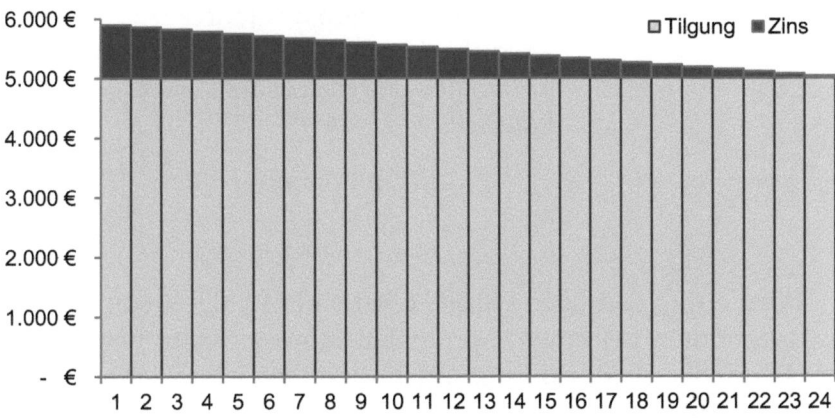

**Abbildung 13: Zusammensetzung der Rate bei einem Tilgungsdarlehen**

Die Tilgung ist konstant, die Zinsen sinken mit zunehmender Ratenzahlung, so dass es im Verlauf der Kreditlaufzeit zu sinkenden Raten kommt.

### 13.2.3  Annuitätendarlehen

Bei einem Annuitätendarlehen ist die Kreditrate während der Laufzeit konstant. Es ändert sich aber die Zusammensetzung der Kreditrate. Die Höhe der Kreditrate kann über eine Aufzinsung ermittelt werden, indem der Kreditbetrag mit dem Annuitätenfaktor multipliziert wird.

Annuität = Kreditbetrag · Annuitätenfaktor

$$a = K_0 \cdot \frac{(1+i)^n \cdot i}{(1+i)^n - 1}$$

| | |
|---|---|
| $a$ | Zahlung am Ende des Jahres n |
| $K_0$ | Kreditbetrag (Auszahlung zum Zeitpunkt 0) |
| $i$ | nominaler Jahreszinssatz |
| $n$ | Laufzeit |
| $\dfrac{(1+i)^n \cdot i}{(1+i)^n - 1}$ | Annuitätenfaktor |

Wird ein Kredit über 100.000 € bei einer Laufzeit von vier Jahren aufgenommen bei einem nominalen Jahreszinssatz von 8%, so ist bei jährlicher Ratenzahlung am Ende eines jeden Jahres folgende Rate zu zahlen:

$$a = 100.000 \cdot \frac{(1 + 0{,}08)^4 \cdot 0{,}08}{(1 + 0{,}08)^4 - 1}$$

a = 30.192,08

Mit *Microsoft Excel* können Kreditraten für ein Annuitätendarlehen über die finanzmathematische Funktion „Regelmäßige Zahlung" (RMZ) ermittelt werden. Dazu werden die Informationen zum Kredit im Dialogfeld oder direkt in eine Zelle eingetragen.[56]

---

[56] Zu beachten ist der Vorzeichenwechsel zwischen Kreditbetrag und Rate. Soll die Rate nicht mit negativem Vorzeichen ausgewiesen werden, ist der Kreditbetrag als negativer Betrag einzutragen oder der gesamten Funktion ist ein negatives Vorzeichen voranzustellen.

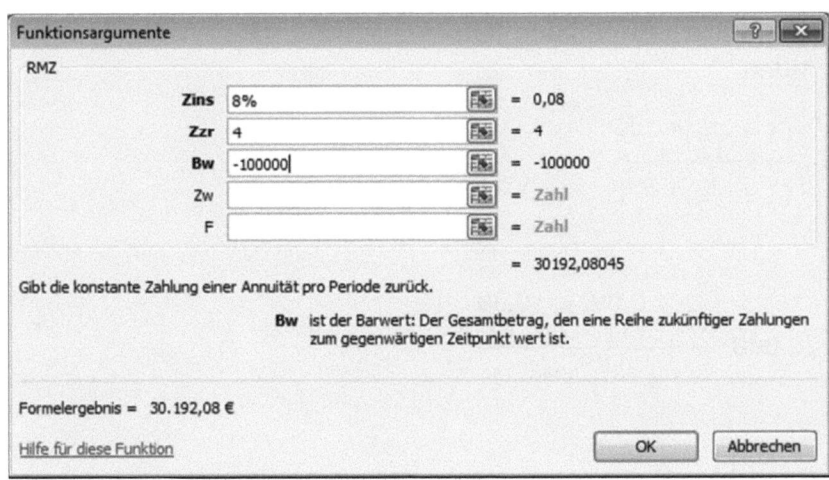

```
1  =RMZ(8%;4;-100000)
2  RMZ(Zins; Zzr; Bw; [Zw]; [F])
```

Wird für einen Kredit eine monatliche Zahlung vereinbart, so ist der Annuitätenfaktor entsprechend zu modifizieren.

$$a = K_0 \cdot \frac{(1 + \frac{i}{12})^n \cdot \frac{i}{12}}{(1 + \frac{i}{12})^n - 1}$$

| | |
|---|---|
| $a$ | Zahlung am Ende des Monats |
| $K_0$ | Kreditbetrag (Auszahlung zum Zeitpunkt 0) |
| $i$ | nominaler Jahreszinssatz |
| $n$ | Laufzeit in Monaten |

Es soll nun die zum Ende eines jeden Monats zu zahlende Annuität für einen Kredit in Höhe von 120.000 €, wie auch bereits in dem Beispiel zum Tilgungsdarlehen, bei einer Laufzeit von 24 Monaten und einem nominalen Jahreszinssatz in Höhe von 9% ermittelt werden.

$$a = K_0 \cdot \frac{(1 + \frac{i}{12})^n \cdot \frac{i}{12}}{(1 + \frac{i}{12})^n - 1}$$

$$a = 120.000 \cdot \frac{(1 + \frac{0,09}{12})^{24} \cdot \frac{0,09}{12}}{(1 + \frac{0,09}{12})^{24} - 1}$$

$\underline{a = 5.482,17}$

In *Microsoft Excel* können die Eintragungen zur Ermittlung der monatlichen Rate im Dialogfeld der Funktion RMZ erfolgen.

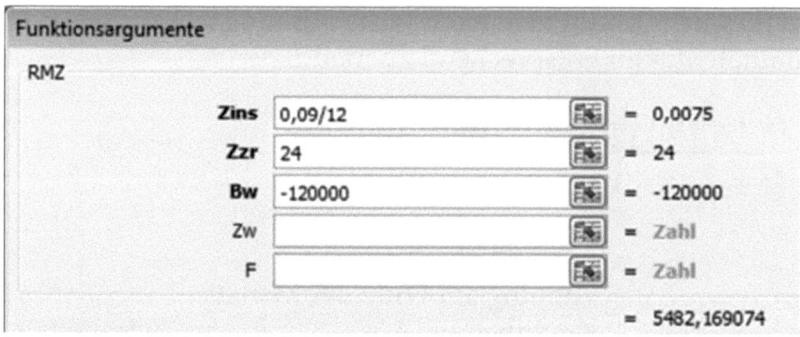

Die Eintragungen können auch direkt in der Zelle vorgenommen werden (RMZ(0309/12;24;-120000).

Bei einem Annuitätendarlehen ist die Rate konstant, jedoch ändert sich die Zusammensetzung der Rate.

| Zeitpunkt (Monat) | Tilgung | Kreditbetrag | Zinsen | Rate |
|---|---|---|---|---|
| 1 | 4.582,17 € | 115.417,83 € | 900,00 € | 5.482,17 € |
| 2 | 4.616,54 € | 110.801,30 € | 865,63 € | 5.482,17 € |
| 3 | 4.651,16 € | 106.150,14 € | 831,01 € | 5.482,17 € |
| 4 | 4.686,04 € | 101.464,09 € | 796,13 € | 5.482,17 € |
| 5 | 4.721,19 € | 96.742,90 € | 760,98 € | 5.482,17 € |
| 6 | 4.756,60 € | 91.986,31 € | 725,57 € | 5.482,17 € |
| 7 | 4.792,27 € | 87.194,04 € | 689,90 € | 5.482,17 € |
| 8 | 4.828,21 € | 82.365,82 € | 653,96 € | 5.482,17 € |
| 9 | 4.864,43 € | 77.501,40 € | 617,74 € | 5.482,17 € |
| 10 | 4.900,91 € | 72.600,49 € | 581,26 € | 5.482,17 € |
| 11 | 4.937,67 € | 67.662,82 € | 544,50 € | 5.482,17 € |
| 12 | 4.974,70 € | 62.688,12 € | 507,47 € | 5.482,17 € |
| 13 | 5.012,01 € | 57.676,12 € | 470,16 € | 5.482,17 € |
| 14 | 5.049,60 € | 52.626,52 € | 432,57 € | 5.482,17 € |
| 15 | 5.087,47 € | 47.539,05 € | 394,70 € | 5.482,17 € |
| 16 | 5.125,63 € | 42.413,42 € | 356,54 € | 5.482,17 € |
| 17 | 5.164,07 € | 37.249,35 € | 318,10 € | 5.482,17 € |
| 18 | 5.202,80 € | 32.046,55 € | 279,37 € | 5.482,17 € |
| 19 | 5.241,82 € | 26.804,73 € | 240,35 € | 5.482,17 € |
| 20 | 5.281,13 € | 21.523,60 € | 201,04 € | 5.482,17 € |
| 21 | 5.320,74 € | 16.202,86 € | 161,43 € | 5.482,17 € |
| 22 | 5.360,65 € | 10.842,21 € | 121,52 € | 5.482,17 € |
| 23 | 5.400,85 € | 5.441,36 € | 81,32 € | 5.482,17 € |
| 24 | 5.441,36 € | 0,00 € | 40,81 € | 5.482,17 € |

Die Rate wurde über die Annuitätenrechnung ermittelt. In der Tabelle ist nun gezeigt, wie sich die Rate zusammensetzt. Die Zinsen ergeben sich nach der folgenden Formel

$$Zinsen = Kreditbetrag \cdot \frac{nominaler\ Zinssatz}{12}$$

Der Kreditbetrag ist der anfängliche Kreditbetrag gemindert um die bereits erfolgte Tilgung. Die Tilgung ergibt sich aus der Differenz von Rate und Zinsen.

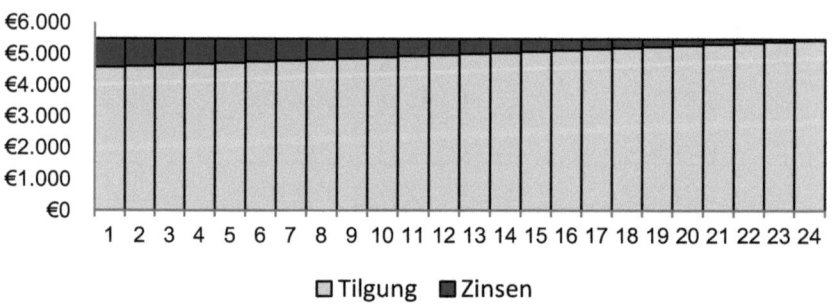

Abbildung 14: Zusammensetzung der Rate bei einem Annuitätendarlehen

Wird ein Kredit über 500.000 € bei einer Laufzeit von 30 Jahren bei Zahlung der Raten zum jeweiligen Jahresende bei einem Zinssatz von 6% aufgenommen, so ist jährlich ein Betrag von 36.324,46 € zu zahlen. Eine wichtige Information bei der Aufnahme von Krediten ist der Tilgungssatz. In der ersten Rate sind Zinsen in Höhe von 30.000 € (500.000 € · 6%) enthalten. Für die Tilgung verbleiben somit 6.324,46 €. Die anfängliche Tilgung beträgt 1,26 % der Kreditsumme. Dieser Tilgungssatz bezieht sich aber nur auf die erste jährliche Rate. Im Verlauf der Ratenzahlungen ändern sich der Tilgungsbetrag und der Restkredit, sodass sich der Tilgungsanteil von Rate zu Rate verändert. Für einige Investitionen wird von den Kreditinstituten eine Mindesttilgung vorausgesetzt. Bei langfristigen Finanzierungen kann zum Beispiel der Mindesttilgungssatz für einen Kredit ein Prozent betragen. Das bedeutet, dass die anfängliche jährliche Tilgung mindestens 1% der Kreditsumme beträgt. Soll lediglich der Mindesttilgungssatz in Höhe von 1% eingehalten werden, so wäre eine Rate zu zahlen, die sich aus der

Tilgung von *500.000 € · 0,01 = 5.000 €* und

den Zinsen *von 500.000 € · 0,06 = 30.000 €*

zusammensetzt und somit 35.000 € beträgt. Diese Rate würde über die Laufzeit konstant sein, es wäre wieder ein Annuitätendarlehen, jedoch hier mit einem vorgegebenen anfänglichen Tilgungsanteil.

Die jährliche Belastung ist bei geringerem Tilgungsanteil niedriger, jedoch verlängert sich die Laufzeit des Kredites. Die Laufzeit kann in *Microsoft Excel* mit Hilfe der finanzmathematischen Funktion „Zinszeitraum" (ZZR) ermittelt werden. Die relevanten Informationen werden in das entsprechende Dialogfeld oder direkt in eine Zelle des Tabellenblattes eingetragen:

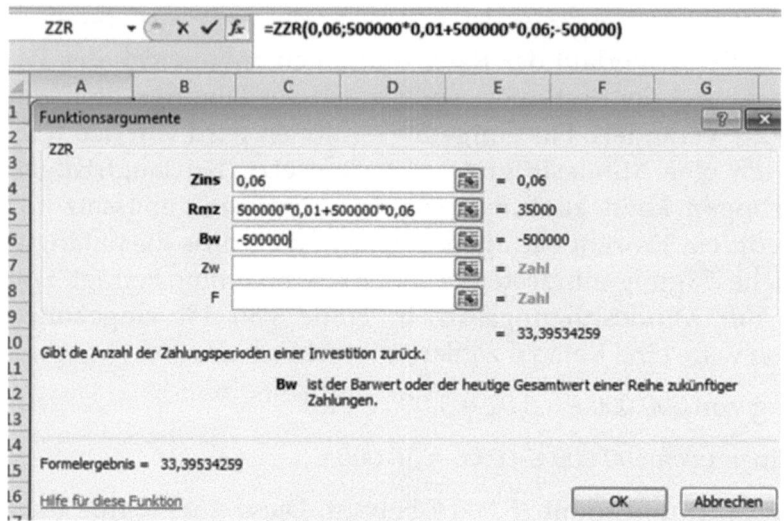

Das Formelergebnis lautet 33,4. Das bedeutet, dass die Kreditlaufzeit bei einer anfänglichen Tilgung von einem Prozent 33,4 Jahre beträgt und damit die Laufzeit 3,4 Jahre länger ist als bei einer anfänglichen Tilgung von 1,26%, wie zuvor dargestellt.

### 13.2.4  Endfälliges Darlehen

Eine weitere Möglichkeit der Vertragsgestaltung bei der Aufnahme von Krediten ist ein endfälliges Darlehen. Der Kreditnehmer zahlt in diesem Fall im Verlauf der Kreditlaufzeit nur die Zinsen; die Tilgung des Kredites erfolgt mit einer Zahlung zum Ende der Kreditlaufzeit. Die regelmäßige Belastung ist bei dieser Vertragsgestaltung niedrig, da keine Verpflichtung für Tilgungsleistungen besteht. Jedoch muss der Kreditnehmer dafür Sorge tragen, dass die Tilgung zum Vertragsende erfolgen kann, indem dieser Betrag zum Beispiel angespart wird.

Geeignet ist die Aufnahme eines endfälligen Darlehens zum Beispiel zur Finanzierung der Anschaffungskosten von Vermögen, welches nur für einen begrenzten Zeitraum genutzt und nach der Nutzungsdauer veräußert werden soll. So kann der Erlös aus dem Verkauf des Vermögensgegenstandes zur Tilgung des Kredites verwendet werden.

Wird ein endfälliges Darlehen zur Finanzierung der Anschaffungskosten von abnutzbaren Gegenständen des Anlagevermögens in Anspruch genommen, ist kritisch anzumerken, dass die Kreditinanspruchnahme innerhalb der Kreditlaufzeit größer ist als die Kapitalbindung. Das hat zur Folge, dass der Erlös aus dem Verkauf des Vermögensgegenstandes zum Ende der Kreditlaufzeit nicht ausreicht, um den Kredit vollständig zu tilgen.

**Beispiel:**

Die Stadtverwaltung möchte von einer Eigentümergemeinschaft ein Grundstück erwerben, auf welchem ein Freibad errichtet werden soll. Die Anschaffungskosten für das Grundstück betragen 20.000 €. Auf dem Grundstück soll ein Freibad von einem privaten Investor errichtet werden, der dann auch das Grundstück von der Stadt erwirbt. Frühester Baubeginn ist in fünf Jahren.

Das Grundstück unterliegt in den Jahren keiner Wertminderung, es handelt sich um nicht abnutzbares Anlagevermögen. Es ist davon auszugehen, dass das Grundstück nach fünf Jahren an den privaten Investor für 20.000 € verkauft werden kann. Zur Finanzierung der Anschaffungskosten wird ein endfälliges Darlehen mit einem nominalen Jahreszinssatz von 8% angeboten mit einer Laufzeit von fünf Jahren. Die Zahlung der Zinsen erfolgt (vereinfacht) jeweils zum Jahresende.

| | Darlehensvertrag | | Kaufvertrag | |
|---|---|---|---|---|
| Zeitpunkt | Einzahlung durch Kredit-aufnahme | Auszahlung zur Zahlung von Zins und Tilgung | Einzahlung durch Verkauf des Grund-stücks | Auszahlung durch Erwerb des Grundstücks |
| 0 | 20.000,00 € | | | 20.000,00 € |
| 1 | | 1.600,00 € | | |
| 2 | | 1.600,00 € | | |
| 3 | | 1.600,00 € | | |
| 4 | | 1.600,00 € | | |
| 5 | | 1.600,00 €  20.000,00 € | 20.000,00 € | |

Es sind somit jeweils zum Jahresende Zinsen in Höhe von 1.600 € zu zahlen. Ende des fünften Jahres fließt der Stadtverwaltung dann der Verkaufserlös in Höhe von 20.000 € zu; dieser Betrag wird aber zur Tilgung des Kredites verwendet. Es ergeben sich aus dem Kredit, dem Kauf und Verkauf des Grundstücks die genannten Zahlungsströme.

Alternativ wird ein Annuitätendarlehen angeboten. Der nominale Jahreszinssatz beträgt ebenfalls 8%, die Laufzeit ist fünf Jahre. Die Zahlung der Zinsen erfolgt jeweils zum Jahresende. Es wäre somit eine Rate in Höhe von 5.009,13 € zu zahlen, die sowohl Zins- als auch Tilgungsleistungen enthält. Dieser Betrag kann in *Microsoft Excel* über den Zelleintrag =RMZ (0,08;5;20.000) ermittelt werden.

Bei Veräußerung des Grundstücks nach fünf Jahren fließen der Stadtverwaltung 20.000 € zu, die nun nicht für die endfällige Tilgung verwendet werden, sondern zur freien Verfügung stehen. Die Zahlungsströme aus dem Kredit, dem Kauf und dem Verkauf des Grundstücks stellen sich nun wie folgt dar:

| Zeitpunkt | Darlehensvertrag | | Kaufvertrag | |
|---|---|---|---|---|
| | Einzahlung durch Kreditaufnahme | Auszahlung zur Zahlung von Zins und Tilgung | Einzahlung durch Verkauf des Grundstücks | Auszahlung durch Erwerb des Grundstücks |
| 0 | 20.000,00 € | | | 20.000,00 € |
| 1 | | 5.009,13 € | | |
| 2 | | 5.009,13 € | | |
| 3 | | 5.009,13 € | | |
| 4 | | 5.009,13 € | | |
| 5 | | 5.009,13 € | 20.000,00 € | |

Die gesamten Zinszahlungen betragen bei dem endfälligen Darlehen 8.000 €, bei dem Annuitätendarlehen hingegen nur 5.045,65 €.

Welche Finanzierungsmöglichkeit günstiger ist, kann auch über eine Kapitalwertbetrachtung ermittelt werden. Dafür werden für beide Kreditgestaltungsmöglichkeiten die Einzahlungsüberschüsse ermittelt und diese abgezinst. Ist bei den Krediten der nominale Jahreszinssatz identisch und wird für die Abzinsung im Rahmen der Kapitalwertermittlung als kalkulatorischer Zinssatz ein Zinssatz in Höhe des nominalen Jahreszinssatzes genommen, ist der Kapitalwert beider Kredite gleich. Unterschiede und somit eine objektive Möglichkeit für die Beurteilung der Vorteilhaftigkeit eines Kredites ergeben sich aus unterschiedlichen Zinssätzen bei den

Krediten und wenn der kalkulatorische Zinssatz nicht dem nominalen Jahreszinssatz entspricht.

| Zeitpunkt | Einzahlungs- überschuss bei end- fälligem Darlehen | Einzahlungs- überschuss bei An- nuitätendarlehen |
|---|---|---|
| 0 | 0,00 € | 0,00 € |
| 1 | -1.600,00 € | -5.009,13 € |
| 2 | -1.600,00 € | -5.009,13 € |
| 3 | -1.600,00 € | -5.009,13 € |
| 4 | -1.600,00 € | -5.009,13 € |
| 5 | -1.600,00 € | 14.990,84 € |

Bei einem unterstellten Zinssatz in Höhe von 4% für die Kapitalwertermittlung ergeben sich aus den Einzahlungsüberschüssen folgende Kapitalwerte für die jeweilige Darlehensgestaltung:

| | Endfälliges Darlehen | Annuitätendarlehen |
|---|---|---|
| Kapitalwert | -7.122,92 € | -5.861,21 € |

Diese Ergebnisse erhält man in *Microsoft Excel* mit der Funktion =BW(0,04;5;1600) sowie =BW(0,04;5;5009,13)+20000/1,04^5.

Es ist die Alternative mit dem größeren Kapitalwert zu bevorzugen. Da es sich ausschließlich um negative Kapitalwerte handelt, ist die Alternative zu bevorzugen mit dem geringeren Betrag des Kapitalwertes. Es ist aus Sicht der Kapitalwertmethode das Annuitätendarlehen zu bevorzugen. Die Gesamtbelastung für den Kreditnehmer, also hier für die Stadtverwaltung, beträgt bei dem Annuitätendarlehen 5.861,21 €, bei dem endfälligen Darlehen 7.122,92 €. Die Vorteilhaftigkeit ist aus Sicht der Kapitalwertbetrachtung bei dem Annuitätendarlehen gegeben, jedoch mit dem Nachteil der höheren laufenden Ausgaben.

## 13.2.5   Schlussratenfinanzierung

Bei einer Schlussratenfinanzierung wird innerhalb der Kreditlaufzeit nur ein Teil des Kredites getilgt, der verbleibende Teil wird am Ende der Kreditlaufzeit mit einer höheren Schlussrate, die auch als „Ballonrate" bezeichnet wird, getilgt.

**Beispiel:**

Für die Anschaffung eines Dienstfahrzeuges mit Anschaffungskosten in Höhe von 25.000 € wird ein Kredit mit einer Laufzeit von 36 Monaten bei einem nominalen Jahreszinssatz von 6% angeboten, die Schlussrate beträgt 10.000 €. Die Ratenzahlungen sollen jeweils zum Monatsende erfolgen.

Für die Ermittlung der Annuität wird der Barwert der Schlussrate von der Kreditsumme subtrahiert und diese Differenz mit dem Annuitätenfaktor multipliziert.

*Annuität = (Kreditbetrag - Barwert der Schlussrate) · Annuitätenfaktor*

Da in dem Beispiel die Zahlungen monatlich erfolgen, ist der monatliche Zinssatz zu verwenden:

$$a = \left( K_0 - \frac{S}{\left(1 + \frac{i}{12}\right)^n} \right) \cdot \frac{\left(1 + \frac{i}{12}\right)^n \cdot \frac{i}{12}}{\left(1 + \frac{i}{12}\right)^n - 1}$$

$a$   regelmäßige Ratenzahlung am Ende des Monats

$K_0$   Kreditbetrag (Auszahlung zum Zeitpunkt 0)

$i$   nominaler Jahreszinssatz

$n$     Laufzeit in Monaten

$S$     Schlussrate (zusätzliche Zahlung zum Ende der Kreditlaufzeit)

$$a = \left(25.000\ \text{€} - \frac{10.000\ \text{€}}{\left(1 + \frac{0,06}{12}\right)^{36}}\right) \cdot \frac{\left(1 + \frac{0,06}{12}\right)^{36} \cdot \frac{0,06}{12}}{\left(1 + \frac{0,06}{12}\right)^{36} - 1}$$

$$a = (25.000\ \text{€} - 8.356,45\text{€}) \cdot 0,030422$$

$$\underline{a = 506,33\ \text{€}}$$

Die für 36 Monate regelmäßig zu zahlende Rate beträgt 506,33 €. Zum Ende der Laufzeit ist dann noch die Schlussrate in Höhe von 10.000 € zu zahlen. Ist die Nutzung des Dienstwagens auf drei Jahre beschränkt und ist geplant das Fahrzeug nach drei Jahren zu verkaufen, kann die Schlussrate durch den Verkaufserlös aufgebracht werden. Dafür müsste berücksichtigt werden, dass mit dem geplanten Verkaufserlös die Höhe der Schlussrate erreicht wird.

Mit Hilfe von *Microsoft Excel* kann die Annuität über die Funktion „Regelmäßige Zahlung" (RMZ) ermittelt werden. Dazu sind im Dialogfeld folgende Eintragungen vorzunehmen:

Die monatliche regelmäßige Rate beträgt 506,33 € .Die Zinsbelastung beträgt bei dieser Finanzierung insgesamt 3.227,88 €. Die Zinsbelastung ist –bei identischem Zinssatz– bei einer Schlussratenfinanzierung höher als bei einem Annuitätendarlehen. Hätte man die gleiche Investition mit einem Annuitätendarlehen zu sonst gleichen Bedingungen finanziert, hätte man zum Ende eines jeden Monats eine Rate in Höhe von 760,55 € zu zahlen. Damit wäre die regelmäßig zu zahlende Rate 50% höher als bei der Schlussratenfinanzierung. Es sind insgesamt Zahlungen in Höhe von 27.379,74 € zu zahlen, somit betragen die Zinsen 2.379,74 €. Bei diesem Beispiel sind die Zinsen bei der Schlussratenfinanzierung um 36% höher als bei dem Annuitätendarlehen.

### 13.2.6 Ermittlung des effektiven Jahreszinssatzes

Der effektive Jahreszinssatz (oft auch nur als effektiver Jahreszins bezeichnet) gibt die Gesamtkosten des Darlehens pro Jahr in Prozent des Nettodarlehensbetrages an. Der Nettodarlehensbetrag ist der Betrag, der dem Kreditnehmer ausgezahlt wird. Zur Ermittlung des effektiven Jahreszinssatzes werden alle finanzwirksamen kreditbestimmenden Faktoren berücksichtigt. Diese Faktoren sind insbesondere die Höhe und der Verlauf der Tilgung, der nominale Zinssatz, der Auszahlungskurs und die Bearbeitungsgebühren. Die Vorteilhaftigkeit eines Kredites ergibt sich nicht aus einem günstigen nominalen Zinssatz, sondern aus einem Vergleich des effektiven Jahreszinssatzes der Darlehensangebote. Bei Darlehen, deren Konditionen sich innerhalb der Darlehenslaufzeit ändern, spricht man von einem anfänglichen effektiven Jahreszins.

Nach § 6 Preisangabenverordnung (PAngV) ist bei Krediten der effektive Jahreszinssatz anzugeben. Dies gilt jedoch nur bei Krediten für Verbraucher, nicht jedoch für Kommunalkredite. Dennoch empfiehlt sich auch zur Beurteilung von Kommunalkrediten die Ermittlung der Vorteilhaftigkeit über den effektiven Jahreszinssatz. Die Ermittlung des effektiven Jahreszinssatzes erfolgt üblicherweise nach der Methode des internen Zinsfußes. Das ist der Zinsfuß, bei dem der auf den Entscheidungszeitpunkt bezogene Kapitalwert einer Investition gleich Null ist.

**Beispiel**:

Eine Kommune nimmt ein Annuitätendarlehen in Höhe von 10.000 € in Anspruch. Die Laufzeit des Kredites beträgt drei Jahre, die Raten sind jeweils zum Jahresende zu zahlen. Der nominale Jahreszinssatz beträgt 8%. Der Kredit wird zu 98% ausgezahlt. Es ergibt sich eine Rate in Höhe von 3.880,34 €. Für die Ermittlung der Rate ist das Disagio unerheblich, da der gesamte Kreditbetrag verzinst wird. Zur Ermittlung des effektiven Jahreszinssatzes wird mit dem finanzmathematischen Ansatz zur Ermittlung des internen Zinsfußes gearbeitet. Durch den Kredit ergeben sich folgende Zahlungen zu den jeweiligen Zeitpunkten (in *Microsoft Excel* mit der Funktion = RMZ(0,08;3;10000):

| Zeitpunkt | Zahlung |
|:---:|:---:|
| 0 | 9.800,00 € |
| 1 | -3.880,34 € |
| 2 | -3.879,34 € |
| 3 | -3.878,34 € |

Auf der Grundlage dieser Zahlungen ist der effektive Jahreszinssatz zu ermitteln. Mit Hilfe von *Microsoft Excel* wird der effektive Jahreszinssatz mit Hilfe der Funktion „Interne Kapitalverzinsung" (IKV) ermittelt.

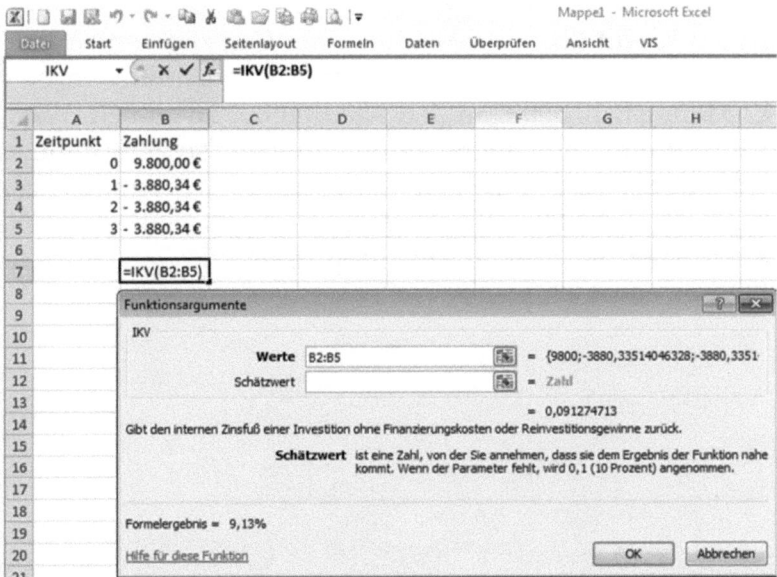

Als Formelergebnis wird ein Zinssatz in Höhe von 9,13% angegeben. Das bedeutet, dass der effektive Jahreszinssatz 9,13% beträgt. Sind bei der Kreditgestaltung keine Faktoren wie Damnum, Kreditbearbeitungsgebühren und Beträge für Restschuldversicherungen zu berücksichtigen, ist der effektive Jahreszinssatz mit dem nominalen Jahreszinssatz identisch. Dies gilt jedoch nur dann, wenn die Zahlung der Raten periodisch und ausschließlich zum Jahresende erfolgt. Ist die Zahlung der Raten nicht zum Ende eines Jahres, sondern zum Beispiel zum Quartalsende oder zum Ende eines jeden Monats, weicht der effektive Jahreszinssatz vom nominalen Jahreszinssatz ab. Die Formel für die Ermittlung des effektiven Jahreszinssatzes lautet:

$$Effektiver\ Jahreszinssatz = \left(1 + \frac{nominaler\ Jahreszinssatz}{Perioden}\right)^{Anzahl\ Perioden} - 1$$

Wird ein Kredit über 10.000 € mit einer Laufzeit von einem Jahr bei einem nominalen Jahreszinssatz von 6% aufgenommen, so sind nach 12 Monaten 10.600 € an den Kreditgeber zu zahlen. Wird für diesen Kredit eine monatliche Rate vereinbart, so sind Ende eines jeden Monats 860,66 € zu zahlen (in *Microsoft Excel* ermittelt über = RMZ (0,06/12;12;10000). Wird auf der Grundlage dieser monatlichen Zahlungen der interne Zinsfuß ermittelt, kommt man zu einem Zinssatz von 0,5%.

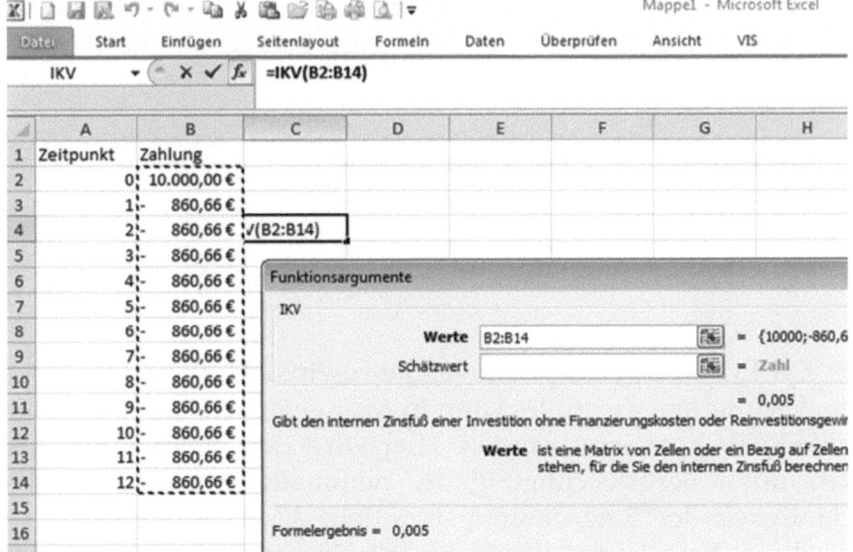

Der ermittelte Wert von 0,5 % ist der monatliche interne Zinsfuß. Der effektive Jahreszinssatz ergibt sich jedoch nicht aus dem Zwölffachen des monatlichen effektiven Zinssatzes, da in dem Fall die unterjährige Verzinsung vernachlässigt werden würde. So ist die Zinsbelastung höher, wenn zwölf Mal jeweils 0,5 % Zinsen zu zahlen sind, als wenn einmal 6 % Zinsen zu zahlen sind. Der effektive Jahreszinssatz ermittelt sich wie folgt:

$$Effektiver\ Jahreszinssatz = \left(1 + \frac{nominaler\ Jahreszinssatz}{Perioden}\right)^{Anzahl\ Perioden} - 1$$

$$Effektiver\ Jahreszinssatz = (1 + effektiver\ Monatszins)^{Anzahl\ Perioden} - 1$$

$$Effektiver\ Jahreszinssatz = (1 + 0,005)^{12} - 1$$

$$\underline{Effektiver\ Jahreszinssatz = 0,061678}$$

Der effektive Jahreszinssatz beträgt 6,17%.

Zur Ermittlung des effektiven Jahreszinssatzes auf der Grundlage des internen Zinsfußes kann in *Microsoft Excel* mit der Funktion EFFEKTIV gearbeitet werden. Hier wird der effektive Jahreszinssatz unter Berücksichtigung des nominalen Zinssatzes und der Häufigkeit der Ratenzahlung ermittelt. Als Formelergebnis wird für dieses Beispiel der effektive Jahreszinssatz 6,17% ausgewiesen.

| Funktionsargumente | | ? ✖ |
|---|---|---|
| EFFEKTIV | | |
| **Nominalzins** | 0,06 | = 0,06 |
| **Perioden** | 12 | = 12 |
| | | = 0,061677812 |

Gibt die jährliche Effektivverzinsung zurück.

**Perioden** ist die Anzahl der Zinszahlungen pro Jahr.

Formelergebnis = 0,061677812

Hilfe für diese Funktion          OK     Abbrechen

## 13.3 Kreditähnliche Finanzierungsmöglichkeiten

### 13.3.1 Kreditähnliche Rechtsgeschäfte

Kreditaufnahmen sind nach den jeweiligen haushaltsrechtlichen Bestimmungen nur zulässig, wenn eine andere Finanzierung nicht möglich ist oder wirtschaftlich unzweckmäßig wäre. Im Fall einer Kreditaufnahme wird nach § 488 BGB zwischen dem Darlehensgeber und dem Darlehensnehmer ein Darlehensvertrag abgeschlossen, der für den Darlehensnehmer die Verpflichtung beinhaltet, dem Darlehensgeber den geschuldeten Zins zu zahlen und bei Fälligkeit das Darlehen zurückzuerstatten.

Neben Darlehensverträgen können auch andere Rechtsgeschäfte eine künftige finanzielle Belastung begründen. Diese kreditähnlichen Rechtsgeschäfte begründen eine Zahlungsverpflichtung, die hinsichtlich ihrer wirtschaftlichen Auswirkung den Folgen einer Kreditaufnahme gleichkommt. So gehören zu den kreditähnlichen Rechtsgeschäften insbesondere Leasinggeschäfte, Mietkaufverträge sowie Stundungsvereinbarungen.

Unter Leasing ist die gegen Entgelt gewährte Überlassung von beweglichen und unbeweglichen Gütern zur Nutzung zu verstehen. Beim Mietkauf wird die Übernahme eines Gutes durch den Mieter nach Ende der Mietzeit von vornherein vertraglich fixiert. Dadurch verlagert sich ein erheblicher Teil des Investitionsrisikos auf den Mieter. Beim Mietkauf besteht eine weitgehende Parallelität zum Kauf auf Raten. Auch Stundungsvereinbarungen können zu den kreditähnlichen Rechtsgeschäften gehören, da sie ebenfalls künftige Zahlungsverpflichtungen begründen.

Unter bestimmten Voraussetzungen können auch langfristige Immobilienmietverträge zu kreditähnlichen Rechtsgeschäften gehören. In den Haushaltsordnungen der Länder und Gemeinden ist die Frage, ob die kreditähnlichen Rechtsgeschäfte genehmigungspflichtig oder lediglich anzeigepflichtig sind, unterschiedlich geregelt.[57]

Auch für den Fall, dass kreditähnliche Rechtsgeschäfte nur anzeigepflichtig sind, ist der Grundsatz der Wirtschaftlichkeit und Sparsamkeit zu beachten. Die aufgrund eines Leasingvertrages zu erbringenden finanziellen Leistungen sind in der Regel im Verwaltungshaushalt zu veranschlagen, da sie den finanziellen Spielraum in gleicher Weise beeinflussen wie zu zahlende Kreditraten.

### 13.3.2   Operating Leasing

Unter Operating Leasing sind herkömmliche Mietverträge zu verstehen. Mietverträge nach §§ 535ff. BGB werden in der öffentlichen Verwaltung in großer Zahl, zum Beispiel für technische Geräte, Gebäude und Grundstücke, abgeschlossen. Das Investitionsrisiko und die Gefahr des Untergangs der gemieteten Sache liegen beim Vermieter. Es handelt sich regelmäßig um Leasinggeschäfte, denn auch hier werden einem Nutzer bewegliche oder unbewegliche Güter gegen Entgelt überlassen. Der Leasinggeber (Vermieter) überlässt dem Leasingnehmer (Mieter) den Leasinggegenstand (die Mietsache) zum vertragsgemäßen Gebrauch. Der Vermieter hat die Mietsache während der Mietzeit in dem Zustand zu erhalten, der für den vertragsgemäßen Gebrauch erforderlich ist. Der Leasingnehmer ist verpflichtet, dem Leasinggeber die vereinbarte Miete zu zahlen.

Das Operating Leasing ist dadurch gekennzeichnet, dass der Vertrag jederzeit unter Einhaltung der vereinbarten Frist gekündigt

---

[57] Nach einem Urteil des Thüringer OVG (2 KO 411/03 vom 14. 10. 2003) kann ein Mietvertrag ein kreditähnliches Rechtsgeschäft darstellen und nach § 64 Abs. 2 ThürKO der kommunalaufsichtlichen Genehmigungspflicht unterliegen, wenn der Vertrag über 30 Jahre unkündbar ist und für diesen über die gesamte Laufzeit eine Staffelmiete mit jährlichen Steigerungen von 2,5% sowie über das übliche Maß hinausgehende Instandhaltungs- und Instandsetzungsverpflichtungen festgeschrieben sind.

werden kann. Es wird keine Grundmietzeit vereinbart. Das Investitionsrisiko liegt beim Leasinggeber bzw. beim Vermieter. Für die Wartung und Instandhaltung des Leasinggegenstandes ist der Leasinggeber zuständig.

### 13.3.3  Finanzierungsleasing

Ein typisches Beispiel für kreditähnliche Rechtsgeschäfte ist das Finanzierungsleasing. Beim Finanzierungsleasing überlässt der Leasinggeber dem Leasingnehmer gegen Entgelt ein Wirtschaftsgut. Der Leasingvertrag unterliegt im Wesentlichen den Bestimmungen für den Mietvertrag (§§ 535ff. BGB). Danach gilt, dass ein Vermieter, also der Leasinggeber, einem Mieter (Leasingnehmer) ein Objekt (Leasinggegenstand) gegen Zahlung eines Zinses zum Gebrauch überlässt. Die Instandhaltungspflichten obliegen jedoch dem Leasingnehmer. Sind die Inhalte des Leasingvertrages aber derart gestaltet, dass das materielle Investitionsrisiko auf den Leasingnehmer übertragen wird, der Leasingnehmer eine Finanzierungsmiete zahlt und während der Vertragslaufzeit den geleasten Gegenstand wie ein Eigentümer nutzen kann, liegt ein Finanzierungsleasing vor. Der Leasingnehmer trägt dann die Gefahr für das Leasingobjekt und ist bei Beschädigung oder Verlust zur Zahlung der Leasingraten verpflichtet.

Für die gemeindewirtschaftliche Genehmigung gelten für eine Leasingfinanzierung gewöhnlich die Kriterien wie für die Genehmigung der im Haushalt vorgesehenen Kreditaufnahmen. Daher können mit einer Leasingfinanzierung die Kreditaufnahmebeschränkungen weder umgangen noch der Kreditspielraum erweitert werden.

Der Leasingvertrag wird für eine bestimmte Grundmietzeit abgeschlossen und kann während dieser nicht gekündigt werden. Die Grundmietzeit liegt gewöhnlich bei 40 % bis 90 % der betriebsgewöhnlichen Nutzungsdauer. Es kann sich dabei um bewegliche oder unbewegliche Wirtschaftsgüter handeln. Die Leasingverträge können als Vollamortisation oder Teilamortisation auftreten. Bei einer Vollamortisation haben sich die Anschaffungskosten, die Nebenkosten sowie die Kosten der Finanzierung für den Leasinggeber im Rahmen der Grundmietzeit durch die von dem Leasingnehmer zu zahlenden Leasingraten bereits amortisiert. Bei einer Teilamortisation ist die Amortisation von Anschaffungskosten, Nebenkosten und Finanzierungskosten in der Grundmietzeit noch nicht erfolgt. Um die laufende Belastung des Leasingnehmers gering zu halten, sind in der Praxis häufig Teilamortisationsverträge anzutreffen.

Zum Teil verlangt der Leasinggeber bei privaten Leasingnehmern eine Leasingsonderzahlung. Dies dient insbesondere dazu, um die Bonität des Leasingnehmers nicht in Frage zu stellen.

Ist der Leasingnehmer aus der öffentlichen Verwaltung, stellt sich die Bonitätsprüfung gewöhnlich nicht, so dass keine Notwendigkeit einer anfänglichen Mietsonderzahlung gegeben ist.

Die während der Grundmietzeit zu zahlenden Leasingraten decken für den Leasinggeber vollständig oder partiell den Kapitaleinsatz sowie eine angemessene Verzinsung und eine Gewinnmarge ab. Die Leasingverträge können eine Kaufoption beinhalten. Das bedeutet, dass der Leasingnehmer zum Ende der Grundmietzeit das Recht hat den Leasinggegenstand zu einem vorher festgelegten Kaufpreis zu übernehmen.

Es kann auch eine Leasingvertragsverlängerungsoption vereinbart sein. Dann kann der Leasingnehmer nach Ablauf der Grundmietzeit das Vertragsverhältnis auf bestimmte oder unbestimmte Zeit verlängern. Bei einem Leasingvertrag mit Andienungsrecht muss der Leasingnehmer den Leasinggegenstand zu einem vorher bestimmten Preis kaufen oder bei Rückgabe des Leasinggegenstandes die Differenz zwischen Verkaufserlös des Leasingobjektes und vertraglich vereinbartem Restwert tragen.

# Anhang: Tabellen zur Auf- und Abzinsung

| Aufzinsungsfaktor | 1 | 2 | 3 | 4 | 5 | 6 | 7 | 8 | 9 | 10 |
|---|---|---|---|---|---|---|---|---|---|---|
| bei Zinssatz von | | | | | | | | | | Jahre |
| 4% | 1,0400 | 1,0816 | 1,1249 | 1,1699 | 1,2167 | 1,2653 | 1,3159 | 1,3686 | 1,4233 | 1,4802 |
| 5% | 1,0500 | 1,1025 | 1,1576 | 1,2155 | 1,2763 | 1,3401 | 1,4071 | 1,4775 | 1,5513 | 1,6289 |
| 6% | 1,0600 | 1,1236 | 1,1910 | 1,2625 | 1,3382 | 1,4185 | 1,5036 | 1,5938 | 1,6895 | 1,7908 |
| 7% | 1,0700 | 1,1449 | 1,2250 | 1,3108 | 1,4026 | 1,5007 | 1,6058 | 1,7182 | 1,8385 | 1,9672 |
| 8% | 1,0800 | 1,1664 | 1,2597 | 1,3605 | 1,4693 | 1,5869 | 1,7138 | 1,8509 | 1,9990 | 2,1589 |
| 9% | 1,0900 | 1,1881 | 1,2950 | 1,4116 | 1,5386 | 1,6771 | 1,8280 | 1,9926 | 2,1719 | 2,3674 |
| 10% | 1,1000 | 1,2100 | 1,3310 | 1,4641 | 1,6105 | 1,7716 | 1,9487 | 2,1436 | 2,3579 | 2,5937 |

| Abzinsungsfaktor | 1 | 2 | 3 | 4 | 5 | 6 | 7 | 8 | 9 | 10 |
|---|---|---|---|---|---|---|---|---|---|---|
| bei Zinssatz von | | | | | | | | | | Jahre |
| 4% | 0,9615 | 0,9246 | 0,8890 | 0,8548 | 0,8219 | 0,7903 | 0,7599 | 0,7307 | 0,7026 | 0,6756 |
| 5% | 0,9524 | 0,9070 | 0,8638 | 0,8227 | 0,7835 | 0,7462 | 0,7107 | 0,6768 | 0,6446 | 0,6139 |
| 6% | 0,9434 | 0,8900 | 0,8396 | 0,7921 | 0,7473 | 0,7050 | 0,6651 | 0,6274 | 0,5919 | 0,5584 |
| 7% | 0,9346 | 0,8734 | 0,8163 | 0,7629 | 0,7130 | 0,6663 | 0,6227 | 0,5820 | 0,5439 | 0,5083 |
| 8% | 0,9259 | 0,8573 | 0,7938 | 0,7350 | 0,6806 | 0,6302 | 0,5835 | 0,5403 | 0,5002 | 0,4632 |
| 9% | 0,9174 | 0,8417 | 0,7722 | 0,7084 | 0,6499 | 0,5963 | 0,5470 | 0,5019 | 0,4604 | 0,4224 |
| 10% | 0,9091 | 0,8264 | 0,7513 | 0,6830 | 0,6209 | 0,5645 | 0,5132 | 0,4665 | 0,4241 | 0,3855 |

| Rentenbarwertfaktor | 1 | 2 | 3 | 4 | 5 | 6 | 7 | 8 | 9 | 10 |
|---|---|---|---|---|---|---|---|---|---|---|
| bei Zinssatz von | | | | | | | | | | Jahre |
| 4% | 0,9615 | 1,8861 | 2,7751 | 3,6299 | 4,4518 | 5,2421 | 6,0021 | 6,7327 | 7,4353 | 8,1109 |
| 5% | 0,9524 | 1,8594 | 2,7232 | 3,5460 | 4,3295 | 5,0757 | 5,7864 | 6,4632 | 7,1078 | 7,7217 |
| 6% | 0,9434 | 1,8334 | 2,6730 | 3,4651 | 4,2124 | 4,9173 | 5,5824 | 6,2098 | 6,8017 | 7,3601 |
| 7% | 0,9346 | 1,8080 | 2,6243 | 3,3872 | 4,1002 | 4,7665 | 5,3893 | 5,9713 | 6,5152 | 7,0236 |
| 8% | 0,9259 | 1,7833 | 2,5771 | 3,3121 | 3,9927 | 4,6229 | 5,2064 | 5,7466 | 6,2469 | 6,7101 |
| 9% | 0,9174 | 1,7591 | 2,5313 | 3,2397 | 3,8897 | 4,4859 | 5,0330 | 5,5348 | 5,9952 | 6,4177 |
| 10% | 0,9091 | 1,7355 | 2,4869 | 3,1699 | 3,7908 | 4,3553 | 4,8684 | 5,3349 | 5,7590 | 6,1446 |

# Abbildungsverzeichnis

# Abkürzungsverzeichnis

| | |
|---|---|
| a | Annuität |
| A bzw. $A_t$ | Auszahlung bzw. Auszahlung zum Zeitpunkt t |
| Abs. | Absatz |
| AF | Annuitätenfaktor |
| AK | Anschaffungskosten |
| AZ | Amortisationszeitpunkt |
| BW | Barwert |
| bzw. | beziehungsweise |
| $C_0$ | Kapitalwert |
| c.p. | ceteris paribus |
| db | Stückdeckungsbeitrag |
| DB | Gesamtdeckungsbeitrag |
| E | Erlös |
| E bzw. $E_t$ | Einzahlung bzw. Einzahlung zum Zeitpunkt t |
| ebd. | ebenda |
| eff. | effektiv |
| EUR | Euro |
| F | Fälligkeit |
| G | Gewinn |
| i | Zinssatz |
| IKV | Interne Kapitalverzinsung |
| IT | Informationstechnologie |
| K | Gesamtkosten |
| K | Kapital |
| $K_0$ | Anfangskapital bzw. Barwert |
| $K_{fix}$ | fixe Kosten |
| km | Kilometer |
| $K_n$ | Endwert |
| $k_{var}$ | variable Stückkosten |
| $K_{var}$ | variable Gesamtkosten |